KB145838

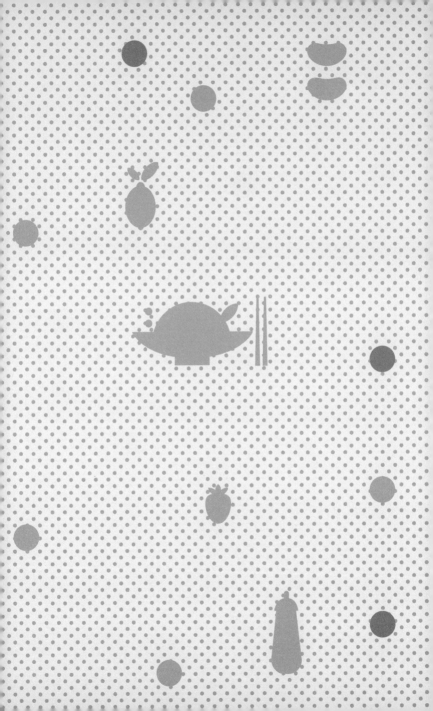

비건을
묻는
십대에게

비건을 묻는 십대에게

고기 대신 채소를 먹는 즐거움과 괴로움 사이에서 나누는 윤리적 대화

세상을 묻는 십대

초판 1쇄 인쇄 2023년 2월 20일
초판 1쇄 발행 2023년 2월 28일

글쓴이	김성한
그린이	최진영
펴낸이	이영선
책임편집	김영아

편집	이일규 김선정 김문정 김종훈 이민재 김영아 이현정 차소영
디자인	김회량 위수연
독자본부	김일신 정혜영 김연수 김민수 박정래 손미경 김동욱

펴낸곳 서해문집 | 출판등록 1989년 3월 16일(제406-2005-000047호)
주소 경기도 파주시 광인사길 217(파주출판도시)
전화 (031)955-7470 | 팩스 (031)955-7469
홈페이지 www.booksea.co.kr | 이메일 shmj21@hanmail.net

ISBN 979-11-92085-95-1 43190

비건을 묻는

고기 대신 채소를 먹는
즐거움과 괴로움
사이에서 나누는
윤리적 대화

십대에게

김성한 글 | 최진영 그림

서해문집

차례

자기만의 Why

5   **채식**과 **인간**의 이익 with 활동가

6   **채식**에 대한 **논의로 알** 수 있는 것 with 김 교수 · 209

자기만의 Why

고기 먹는 게 얼마나 좋은데 그걸 멈추라고?
채식을 해야 하는 이유가 뭐지?

동물도 도덕적 고려의 대상이에요

대개 우리는 인간이 만물의 영장으로 이 세상 다른 존재가 갖추지 못한 존엄성을 가지고 있다고 생각합니다. 그런데 과연 그럴까요? 우리가 특정한 윤리적 기준, 가령 공리주의를 기준으로 따져보면 동물 또한 도덕적 고려의 대상임을 확인할 수 있습니다. 만약 이것이 사실이라면 우리는 육식 관행을 다시 생각해보아야 할 겁니다. 어떻게 도덕적 고려의 대상이라는 지위를 인정하면서 그 대상을 식용으로 활용할 수 있을까요?

우리가 즐겨 먹는 동물들은 편히 살다가
식탁에 오르는 게 아니에요

우리가 즐겨 먹는 동물들이 어떤 삶을 사는지 생각해본 적이 있나요? 어쩌면 우리가 고기를 포기할 수 없기 때문에 그들의 삶을 애써 외면하고 있는지 모릅니다. 사실 이들은 평생을 고통으로 점철된 삶을 살다가 식탁에 오른다고 해도 과언이 아닙니다. 만약 믿지 못하겠거든 인터넷에서 그들의 삶을 보여주는 영상을 한번 시청해보세요. 상상을 넘어선, 생각지도 못할 고통이 동물들에게 가해지고 있답니다.

윤리적으로 보았을 때 채식을 해야 한다는
입장을 부정하기란 어려워요

채식은 윤리 이론 혹은 윤리 원리라는 측면뿐만 아니라 채식의
부당함을 지적하는 논변이 별다른 설득력이 없다는 측면에서도
정당화됩니다. 가령 '동물이 고통을 느끼는지 어떻게 아는가?',
'식물도 고통을 느끼지 않는가?', '고통의 비교가 불가능하지
않는가?'라는 질문뿐만 아니라 '동물은 서로 잡아먹어도
되는데 왜 우리는?', '약육강식이 정당한 것 아닌가?' 등의
질문은 육식이 정당하다는 생각을 은연중 포함하고 있는데요.
채식을 옹호하는 사람들은 이러한 질문에 대해 일일이 답변을
내놓음으로써 채식의 정당성을 보여주려 합니다.

인간을 위해서도 채식은 필요해요

백번 양보하여 동물에게 도덕적 지위가 부여된다 해도 만약 이로 인해 인간에게 해악이 가해진다면, 아무리 동물이 중요하다 해도 결국 인간을 우선적으로 고려해야 하는 것 아닌가라는 의문을 가질 수 있습니다. 실제로 동물을 보호하려 하면서 인간이 피해를 입는다면 동물 보호를 재고해봐야 할 겁니다. 하지만 동물 문제에 관심을 갖는 사람들은 동물해방이 곧 인간해방이라고 말합니다. 물론 동물에 관심을 갖는다고 해서 모든 인간 문제를 해결할 수 있는 것은 아닙니다. 그럼에도 동물에 관심을 가질 경우 기아 문제와 환경 문제, 그리고 건강 문제 등을 개선할 수 있고, 이렇게 본다면 인간을 위해서도 채식을 할 필요가 있습니다.

공리주의와
채식

with
김 교수

1

안녕하세요. 지금부터 왜 채식을 해야 하는지에 대한 윤리적 이유를 살펴보도록 하겠습니다. 준비되었나요?

네! 어떤 말씀을 해주실지뿐만 아니라 제 생각이 얼마만큼 바뀔지, 그리고 바뀐 생각으로 제가 과연 채식을 할지도 궁금해요.

사실 채식을 하도록 설득하기가 그리 쉽지만은 않습니다. 제가 생각하기에 이는 많은 것을 이야기하면서 상대가 가지고 있는 의문까지 어느 정도 해소해야 하기 때문에 짧은 대화 몇

마디로 가능한 것이 아니고요. 강의처럼 비교적 많은 시간이 주어져야 그나마 설득의 가능성이 열리는 것 같습니다. 이는 나의 도덕 추론 과정을 이야기를 듣는 사람과 함께해나가야 비로소 가능해지죠. 저는 공리주의를 기준으로 한 도덕 추론을 해나가면서 채식이를 설득해보려 합니다.

채식이   네, 그런데 왜 하필 공리주의일까요?

적절한 지적입니다. 사실 어떤 기준을 선택해야 할 것인지에 대해 윤리학자마다 의견이 다르고, 이러한 의견 차이를 좁힐 수 있을 것 같지도 않아요. 이러한 의견 차이에 초점을 맞춰 "전문적인 학자들마저도 의견이 다른데, 우리도 나름의 기준을 가지고 적당히 살면 되겠네"라고 생각할 수 있습니다. 하지만 저는 적어도 올바른 삶을 살아가고자 한다면 윤리 이론 내지 윤리 원리를 선택하고, 이를 기준으로 삼아 도덕 추론을 하는 삶을 부단히 살아가야 한다고 생각합니다. 그리고 그 방법의 일환으로 저는 공리주의를 선택하고 있는 것이고요. 물론 다른 윤리 이론이나 윤리 원리를 선택할 수도 있습니다. 하지만 공리주의를 선택하는 것이 잘못된 선택이라 할 수는 없습니다. 그 이유는 공리주의가 비판의 여지가 없지 않지만 그럼에도 윤리학자들이 가장 무난한 윤리 이론 내지 원리로 간주하고 있는 것 중 하나이기 때문이죠.

채식이　좀 더 구체적으로 설명해주세요.

예를 들어 짜장면, 라면, 피자 중에서 무엇을 먹을지 선택해야 하는 상황을 가정해봅시다. 여기서 어떤 음식을 선택하고 싶나요?

채식이　글쎄요, 나름대로 일장일단이 있는 것 같아서….

그럼 예를 조금 바꾸어볼게요. 대통령 선거에 김성한, 뱀, 고릴라, 침팬지가 나왔다고 가정해봅시다. 이 중에서 누구를 대통령으로 뽑고 싶나요?

채식이　기기기김성한 교수님이요! 하하.

하하, 저를 선택하고 싶지 않은 모양이죠? 말을 더듬는 것을

대통령 선거에 김성한, 뱀, 고릴라, 침팬지가 나왔다고 가정해봅시다. 누구를 뽑고 싶나요?

음...

기기기.. 김성한 교수님이요옹

김성한을 선택한 이유는 — '상대적으로' 다른 후보에 비해 높은 점수를 받았기 때문이에요.

-50 -30 -100

현실 속에서 우리는 거의 항상 '상대적으로' 나은 선택을 할 뿐, 완전 무결한 선택을 하는 경우는 거의 없죠.

공리주의도 약점이 없지는 않지만 상대적으로 나은 이론이니 이를 이용해 도덕적 판단을 하는 것은 괜찮은 선택이군요!

A B C D

보니…. 맞아요. 여기서 김성한을 뽑는 건 그리 잘못된 선택이 아닙니다. 그럼에도 다양한 측면을 종합해보았을 때 김성한이 100점 만점에 100점이기 때문에 김성한을 선택한 것은 분명 아닙니다. 가령 김성한의 총점이 100점 만점에 20점이라고 가정해봅시다. 그럼에도 채식이가 김성한을 선택할 수밖에 없는 이유는 김성한이 '상대적으로' 다른 후보에 비해 높은 점수를 받았기 때문이에요. 김성한이 20점이라는 바닥권 점수를 받았지만 만약 뱀의 점수가 마이너스 200점, 고릴라 마이너스 50점, 침팬지 마이너스 30점이라면 채식이는 부득이하게 김성한을 선택할 수밖에 없을 겁니다. 이처럼 합리적인 선택이 완벽한 것을 선택하는 것만은 아니에요. 물론 그런 경우도 있죠. 하지만 현실 속에서 우리는 거의 항상 '상대적으로' 나은 선택을 합니다. 우리가 앞으로 무엇을 하면서 살아갈지의 선택도, 무엇을 먹을지의 결정도, 약속이 겹쳤을 경우 어느 것을 선택할 것인지도 모두 상대적으로 나은 선택을 할 뿐, 어떤 것이 완전무결해서 선택하는 경우는 거의 없죠. 그런데 윤리 이론이나 원리도 마찬가지입니다. 공리주의가 이런저런 약점이 있는 것은 분명합니다. 그럼에도 일관성 등의 몇 가지 기준으로 따져보았을 때, 공리주의는 다른 윤리 이론에 비해 낫다는 평가를 받는 이론입니다. 따라서 공리주의를 기준으로 판단을 해보는 것은, 잘못한 선택이기보다는 잘한 선택으로 보아야 합니다.

채식이   그러니까 공리주의도 약점이 없지 않지만, 그럼에도 상대적으로 다른 이론에 비해 나은 이론이라는 평가가 이루어지고 있으니, 이를 이용해서 도덕 판단을 하는 것은 괜찮은 선택이라는 것이네요.

그렇습니다. 그런데 우리가 공리주의의 입장에서 채식을 할지의 여부를 판단해보고자 한다면 먼저 공리주의 이론을 이용하여 동물에게 도덕적 지위를 부여할 수 있는지를 가늠해봐야 합니다. 다음으로 공리주의는 사실의 문제를 매우 중요하게 생각하는데, 우리는 사람들이 즐겨 먹는 고기를 제공하는 동물이 어떤 상황 속에서 살아가는지를 확인해보아야 합니다. 그들이 행복하게, 고통 없이 살고 있다가 순식간에 죽음을 맞이하는지, 아니면 평생을 고통 속에서 살아가고 있는지를 확인해봐야 하죠. 이와 같은 작업이 필요한 이유는 공리주의자가 행복과 고통을 중요하게 생각하기 때문입니다. 이어서 공리주의자가 채식을 해야 함을 이야기하기 위해서는 자신들에게 부정적인 태도를 취하는 사람, 다시 말해 육식의 정당성을 옹호하는 사람들이 제기하는 여러 비판에 적극적으로 대응할 수 있어야 합니다. 그러면서 동시에 자신들의 입장을 적절히 옹호해낼 수 있어야 하죠. 채식을 옹호하건 육식을 옹호하건, 우리가 적절한 도덕 판단을 내리려면 이러한 과정을 거치면서 자신들의 입장을 유지할 수 있어야 합니다. 만약 이를 성공적으로 이루어내지 못했음에도 자신의 입장을 계속 양보할 생각이 없을 경우, 그 사람은 소신이 아닌 고집을 피울 수가 있는 겁니다. 또한 자신이 옳다고 생각했음에도 이를 실천으로 옮기지 않는다면 그 사람의 생각은 공허할 수밖에 없죠.

채식이　우리가 공부하는 것은 단지 채식뿐만이 아니고 도덕 추론의 한 방법을 공부하는 것이네요. 잘 알겠습니다. 그럼 차근차근 이야기를 들어보도록 하겠습니다. 공리주의를 이용해 어떻게 동물에게 도덕적 지위가 부여되는지를 알아보기에 앞서 공리주의가 어떤 특징을 가지고 있는지부터 설명해주세요.

네, 그렇게 하도록 하죠. 공리주의는 대체로 쾌락주의, 결과주의, 보편주의, 최대다수의 최대행복을 도모한다는 특징을 가지고 있습니다. 지금부터 각각의 특징을 설명해보도록 할게요. 본격적인 설명에 앞서 말씀드려야 할 것은 공리주의도 다양한 유형이 있는데 여기에서는 이러한 유형 각각을 설명하기보다는 대략적으로 공리주의가 공통적으로 가지고 있다고 말할 수 있는 특징만을 개괄적으로 설명하도록 하겠습니다.

채식이　　네.

먼저 공리주의는 쾌락주의라는 특징을 갖는 윤리 이론입니다. 여기서 쾌락주의를 이야기하는 것은 쾌락을 선, 고통을 악이라고 생각하기 때문인데요. 이때의 쾌락은 대체로 육체적인 쾌락보다는 '행복에 가까운 것'을 이야기한다고 보면 됩니다. 그러니까 공리주의자는 행복을 도모하거나 고통을 없애는 것을 선으로, 행복을 앗아가거나 고통을 야기하는 것을 악이라고 생각한다는 거예요. 예를 들어 내가 친구에게 선물을 함으로써 기쁨이나 행복을 주었다면 그것은 곧 선을 행한 것이고, 거꾸로 내가 못된 짓을 해서 상대방에게 고통을 주었을 경우 이는 악을 행한 겁니다.

채식이　　우리가 상식적으로 생각하는 선악과 특별하게 큰 차이가 있는 것은 아니네요?

그렇습니다. 윤리 이론이라고 다소 거창하게 내세웠을 뿐 우리가 상식적으로 선악이라고 생각하는 것과 거의 대동소이하다고 보면 됩니다. 그럼에도 우리가 공리주의를 의식하고 행동을 하는 경우와 그렇지 않은 것은 차이가 있을 수 있습니다. 우리가 무턱대고 쏜 화살이 과녁에 맞았다고 좋아해선 안 되듯이 설령 화살이 과녁에 맞지 않았다고 해도 의도적으로 과녁에 맞추려 하는 것이 중요한 거죠.

채식이　　알겠습니다. 교수님께서는 어떤 행동을 하려 할 때 공리주의와 같은 윤리 이론 내지 윤리 원리를 염두에 두고 행동을 해야 한다는 말씀이시죠?

그렇죠. 올바른 삶을 살고자 할 경우 우리는 윤리 원리를 머리에 담아두고 이를 적용하면서 살아가야 합니다. 물론 이것이 정답일 수는 없습니다. 그럼에도 제가 생각하기에 이와 같이 사는 것은, 다른 방법을 선택하여 도덕적으로 살아가고자 하는 경우보다 훨씬 도덕적인 삶을 살아갈 가능성이 큽니다.

채식이　네, 그런데 행복을 야기한다고, 또한 고통을 준다고 해서 모든 것이 선과 악은 아닐 것 같기도 한데요? 예를 들어 마약이 행복하다는 느낌을 준다고 해서 마약 중독자에게 마약을 제공하는 것이 선은 아닐 것 같은데….

맞습니다. 공리주의자가 말하는 행복과 고통은 단서가 있습니다. 다시 말해 그들이 말하는 기준은 이상적 관찰자의 기준이라는 것이죠.

채식이　이상적 관찰자요?

네, 여기서 이상적 관찰자란 지식과 지혜를 겸비한 사람을 이야기하는데요. 이와 같은 현명한 사람이 현실에 존재하지 않을 수 있습니다. 다만 우리가 지식과 지혜를 총동원해서 판단을 내린다고 했을 때 이는 이상적 관찰자의 시점이 되는 것이죠. 공리주의에서 이야기하는 행복과 고통은 이상적 관찰자의 시점을 전제하는 것으로, 그들은 가령 마약 중독자에게 마약

행복

고통

을 제공하는 것을 선이라고 생각하지 않습니다. 마약 제공을 선으로 간주하기 위해서는 이와 같은 제공이 지식과 지혜를 동원해서 생각해도 행복을 야기할 것인지를 따져봐야 합니다. 아마도 이 경우 이상적 관찰자는 행복을 야기하기는커녕 고통을 야기하리라고 판단할 것이고, 이에 따라 마약 제공은 언뜻 보았을 때와는 달리 악이 되는 것이죠.

채식이　　그렇군요. 이상적 관찰자의 기준에서 보자면 의사가 병에 걸린 환자에게 주사를 놓음으로써 고통을 야기하는 것은 악이 아니라 선을 행한 것이네요.

그런 거지요. 대략 공리주의의 쾌락주의적 특징이 무엇인지 이해가 가죠?

채식이　　네, 이해했어요.

좋아요. 그럼 이번에는 공리주의가 가지고 있는 결과주의적 특징에 대해 설명을 해볼게요. 공리주의는 동기와 결과 중에서 결과가 더 중요하다고 생각한다는 점에서 결과주의적 특징을 가지고 있다고 이야기합니다.

채식이   조금 더 추가적으로 설명해주시겠어요?

여기서 말하는 결과란 얼마만큼 행복이나 고통이 초래되는 지를 말하는 것이고, 동기란 대략적으로 올바름을 의식하는 것을 이야기합니다. 정리하자면 어떤 행동을 할 때에 올바름을 의식하고 행동을 하는 경우에 비해 그 행동이 얼마만큼 행복이나 고통을 산출했느냐가 더 중요하다는 것입니다. 여기서 유의해야 할 점은 공리주의자가 결과를 중요하게 생각한다고 해서 결코 동기를 외면하는 게 아니라는 것인데요. 그러니까 공리주의자는 동기와 결과를 모두 중요하게 생각한다는 겁니다. 다만 둘 중 하나를 선택해야 한다면 그들이 결과를 중시한다는 거죠.

채식이   예를 들어 설명해주시면 감사하겠습니다.

그러죠. 제가 강의를 한다고 가정해보죠. 먼저 제가 학생들에게 좋은 영향력을 주겠다는 생각을 가지고 강의를 했고, 학생들 또한 강의를 듣고 많은 것을 얻었다고 생각하는 경우는 동기와 결과가 모두 좋은 경우입니다. 다음으로, 제가 그와 같은 생각을 가지고 수업을 했지만 학생들은 강의 내용이 너무 어렵다고 생각하여 별다른 의미를 찾을 수 없었습니다-이 경우는 동기는 좋았지만 결과가 좋지 않은 경우죠. 세 번째로, 제가 단지 돈을 벌겠다는 생각 외에 별다른 생각 없이 강의를 했습니다. 학생들에게 좋은 영향력을 행사하겠다는 생각 없이 강의를 한 거죠. 그런데 학생들은 강의를 듣고 감화를 받았습니다-이 경우는 동기는 좋지 않았지만 결과가 좋았다고 말할 수 있습니다. 마지막으로, 제가 돈만을 생각하면서 강의를 했고, 학생들은 강의 자체를 최악이라고 생각했습니다-이 경우는 동기와 결과가 모두 좋지 않은 경우입니다. 그런데 공리주의자가 결과를 중요하게 생각한다고 해서 첫 번째 경우와 세 번째 경우를 동일하게 생각하는 것은 아닙니다. 첫 번째 경우가 세 번째 경우에 비해 더 나은 선택지임을 인정한다는 것인데요. 그 이유는 동기가 좋아야 좋은 결과를 계속적으로 산출할 가능성이 높아지기 때문입니다.

채식이　　　정확히 이해했어요. 그러니까 공리주의자는 얼마만큼 행복과 고통을 산출하느냐를 중요하게 생각하지만 동기를 무시하지는 않는 거네요. 둘 중에서 결과를 더 중요하게 생각하긴 하지만요.

우리는 흔히 도덕이라 하면 동기에 초점을 맞추는 편입니다. 물론 동기, 매우 중요하죠. 그럼에도 결과를 의식하지 않으면 자신의 의지와 무관하게 적지 않은 해악을 끼칠 수 있음을 잘 기억해야 합니다. 예를 들어 채식이가 봉사활동을 가는데, 상대방이 어떤 특징을 가지고 있는지를 전혀 모르는 채 좋은 게 좋은 것이라 생각하고 활동을 할 경우, 자칫 '봉사활동'이 아닌 '민폐활동'을 할 수 있음을 알고 있어야 합니다. 봉사활동을 간다고 하면서 시설을 방문했다가 그곳 사람에게 불쾌감만 야기한다고 할 경우, 봉사자 자신은 좋은 일을 했다고 좋아할지 몰라도 공리주의적 입장에서 보았을 때 그는 도덕적인 잘못을 범한 것입니다. 이처럼 결과를 의식하지 않고 행동할 경우 그것이 누군가에게 피해가 될 수 있음을 명심하고 내가 미칠 영향을 의식해서 행동해야 합니다.

채식이　　저도 이때까지 나의 동기에만 초점을 맞춰 행동을 한

편이었는데, 동기 이상으로 결과가 중요하다는 것을 기억해두
어야겠어요.

이번에는 동물의 도덕적 지위를 판단하는 데 가장 중요하다고
할 수 있는 보편주의적 특징에 대해 설명을 드릴게요. 보편주
의적 특징은 윤리 이론이 갖추어야 할 기본적 특징 중 하나로
간주되는데요. 보편주의란 어떤 경우에도 나보다 남을 앞세우
는 이타주의와 다르고 남보다 나를 앞세우는 이기주의와도 다

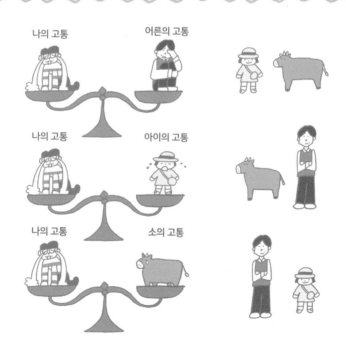

릅니다. 보편주의는 나와 남을 동등하게 간주하는 것을 말하는데요. 이러한 특징은 이론에 따라 구체적으로 뜻하는 바가 다소 차이가 있습니다. 예를 들어 칸트의 의무론 또한 보편주의적 특징을 갖는데, 칸트의 의무론적 의미의 보편주의는 나와 남을 동등하게 생각하되, 구체적으로 나를 포함한 모든 사람을 수단이 아닌 목적, 다시 말해 하나의 인격체로 간주함을 의미합니다. 나이가 많건 적건, 많이 가졌건 조금 가졌건, 나에게 필요한 사람이건 아니건 이와 상관없이 사람들을 모두 하

나의 인격체로 간주해야 한다는 것이죠. 반면 공리주의 또한 보편주의적 특징을 갖지만 이들이 말하는 보편주의는 다소 다릅니다. 공리주의에서 말하는 보편주의는 어떤 존재가 느끼는 쾌락과 고통이건 그것을 동등하게 고려해야 한다는 것입니다.

채식이   쾌락과 고통을 동등하게 고려한다…?

네, 문제를 조금 단순화시켜서 설명해볼게요. 예를 들어 A와 B가 있는데, 어떤 상황에서 A는 100의 고통을, B는 전혀 고통을 받고 있지 않습니다. 이 경우 내가 도움을 줄 수 있는 상황에 놓여 있고, 나의 도움에 의해 영향을 받을 사람이 오직 A와 B밖에 없다고 가정해봅시다. 또한 도움을 줌으로써 내가 느낄 행복이나 고통도 고려하지 말자고요. 또한 내가 관심을 가질 경우 A의 고통이건 B의 고통이건 완전히 제거할 수 있다고 가정해봅시다. 이렇게 가정을 하지 않으면 다소 문제가 복잡해질 수 있으니까요. 말할 것도 없이 현실 속에서는 지금 가정하고 있는 상황과 같은 경우는 일어나지 않습니다. 단지 이해를 위해, 문제를 단순화시키기 위해 가정하는 것이니 많은 생각하지 말고 그냥 따라오면 됩니다.

채식이 네, 알겠습니다.

이 상황에서 누구를 우선적으로 고려해야 할 것 같습니까?

채식이 아무래도 A를 우선 도와야겠죠?

그렇습니다. 그런데 어떤 다른 상황에서 A는 전혀 고통을 받지 않고 있음에 반해, 이번에는 B가 100의 고통을 받고 있습니다. 이 경우에 채식이는 누구를 도와야 할 것 같아요?

채식이 이 경우에는 B를 도와야 할 것 같은데요?

아무래도 그렇겠죠? 그런데 채식이는 부지불식간에 공리주의의 기준을 이용해 판단을 하고 있는 겁니다. 채식이가 답한 것처럼 누가 더 많이 고통을 받고 있는지를 따져보고, 더 많이 고통을 받는 상대를 우선적으로 고려하는 것은 공리주의자의 관점에서 보았을 때 합당한 처사입니다. 정리를 해보도록 하죠.

A	B		A	B
100	0		0	100

여기서 앞의 경우는 A를, 뒤의 경우는 B를 우선적으로 고려해야 합니다. 이것이 공리주의가 갖는 보편주의적 특징이에요.

채식이 　네, 표로 보여주시니 훨씬 이해가 쉽네요.

이번에는 A와 B를 각각 여성과 남성으로 대체해보도록 하겠습니다.

여성	남성		여성	남성
100	0		0	100

이와 같은 상황에서 내가 누군가를 도울 수 있다면 누구를 돕는 것이 좋을까요?

채식이 　음…, 아까의 기준을 그대로 적용한다면 만약 여성이 더 많은 고통을 받는다면 여성을, 남성이 더 많은 고통을 받는다면 남성을 우선적으로 고려해야겠죠?

그렇습니다. 그것이 일관성 있는 태도겠죠. 그런데 만약 채식이가 여성이라는 이유로, 혹은 여성을 더 좋아한다는 이유로 어떤 경우에도 여성을 우선적으로 고려하려 할 때. 이는 일종의 차별일 수 있습니다. 이와 같은 편향된 태도를 **성차별주의(sexism)**라고 부릅니다. 한두 가지 예를 더 들어볼까요? 다음과 같은 상황에서는 우리가 누구를 우선적으로 고려하는 것이 옳을까요?

흑인	백인		흑인	백인
100	0		0	100

채식이   여기에서도 마찬가지로 흑인이 더 많이 고통을 받으면 흑인을, 백인이 더 많은 고통을 받으면 백인을 우선적으로 고려해야 할 것 같습니다.

맞아요. 이 경우도 동일한 기준을 적용해야 하죠. 그래서 채식이가 말한 것처럼 누가 더 고통을 받느냐에 따라 흑인을 우선적으로 고려할 수도, 백인을 우선적으로 고려할 수도 있습니다. 그런데 이번에도 내가 흑인이라는 이유로, 혹은 내가 흑인을 더 좋아한다는 등의 이유로 흑인을 우선적으로 고려한다고 했을 경우 이는 부당한 처우를 하는 것입니다. 이러한 부당한 처우를 공리주의자들은 **인종차별주의(racism)**라고 부릅니다.

과거에 인종차별이 만연한 시대에는 이와 같은 태도가 일상화되어 있었죠. 예를 들어 흑인이라는 이유로 식당 출입을 금지하는 등의 관행이 당연시 여겨지는 시대가 있었습니다. 우리는 어떤 인종이나 성에 속해 있다는 이유로 우대를 하거나 차별을 해서는 안 됩니다. 이는 분명 부당한 처우라 할 수 있습니다. 우리는 이처럼 단지 특정 집단에 속해 있음을 기준으로 우대나 차별을 해서는 안 됩니다. 나치의 유대인 학살은 이의 부당함을 웅변적으로 보여주는 역사적 사실이죠.

채식이   (끄덕끄덕)

하나만 더 해볼까요? 다음과 같은 상황이라면 어떻게 해야 할까요?

김성한	아이돌 가수		김성한	아이돌 가수
100	0		0	100

채식이   이 경우는…, 하하. 아이돌 가수를…. 아니, 이렇게 강의를 해주시는 김성한 교수님을 우선적으로…. 아니, 상황에

따라 더 고통 받는 사람을 우선 고려해야겠죠.

아니, 강의 듣고 있다고 저를 우선적으로 고려해줄 필요는 없어요. 하하. 물론 현실 속에서는 이러한 상황이 누구를 배려해야 할지를 결정하는 데 중요한 요소가 됩니다. 하지만 여기에서는 다른 모든 상황을 배제하기로 했으니 오직 고통만을 고려하면 되겠죠? 그래서 김성한이 더 많은 고통을 받으면 김성한을, 아이돌 가수가 더 고통을 받으면 아이돌 가수를 우선적으로 고려해야 합니다. 그렇게 하지 않고 김성한이 아이돌 가수에 비해 잘생겼다는 이유로 어떤 경우에도 아이돌을 우선적으로 고려한다면 이는 부당한 처우라 할 수 있습니다. 이는 '미남차별주의(handsomism)'로, 공평무사한 태도를 취하는 것이 아닙니다. …물론 농담이고 이러한 단어가 없다는 것쯤은 잘 알고 있죠? 하하.

채식이   교수님이 하도 진지하게 말씀하시기에 저는 미남차별주의라는 단어가 실제로 있는 줄 알았어요. 교수님이 아이돌 가수에 비해 잘생기셨다는 말씀에 "잉? 뭐지?"라는 생각을 잠시 하긴 했지만요. 하하. 암튼 이제 공리주의자가 생각하는 공평무사성이 무엇인지 잘 알겠습니다.

네, 다시 한번 정리하자면 공리주의는 A와 B가 있을 때 상황에 따라 누가 고통을 더 크게 느끼는지를 봐서 더 많은 고통을 느끼는 대상을 우선적으로 배려하라고 요구합니다. 이것이 공리주의적 의미의 보편주의입니다.

채식이　　미남차별주의만 빼면 모두 정확하게 이해했습니다, 하하.

그런데 A와 B가 누구인지 몰랐는데 확인해보았더니 A가 소이고, B가 사람이었습니다. 이 경우는 어떻게 해야 하는 것일까요?

소	사람
100	0

소	사람
0	100

채식이　　네? 한쪽이 동물이고 다른 쪽이 사람이라고요?

네, 이 경우 누구를 우선적으로 배려해야 하는 것이죠?

채식이   어? 갑자기 대답을 회피하고 싶은데요? 지금까지 배운 보편주의적 특징을 기준으로 보자면 여기에서도 만약 동물이 더 많은 고통을 받으면 동물을, 인간이 더 많은 고통을 받으면 인간을 우선적으로 고려해야 하는데….

아무래도 그럴 거예요. 우리 자신이 인간이고, 워낙 이 세상이 인간 중심적으로 돌아가다 보니 인간을 우선으로 생각하는 것이 자연스러운 현상일 수 있을 겁니다. 하지만 우리가 공리주의의 보편주의적 특징을 일관성 있게 적용한다면 상황에 따라 더 많이 고통 받고 있는 존재를 우선적으로 고려해야 할 것입니다. 그렇게 하지 않고 내가 인간이라는 이유로, 혹은 내가 인간을 더 사랑한다는 이유로 어떤 경우에도 인간을 우선적으로 고려한다고 했을 때 이는 편향된 태도를 나타내는 것입니다. 이러한 태도를 공리주의자는 **종차별주의(speciesism)**라고 부릅니다. 이는 실제로 있는 단어입니다. 이 단어는 영국의 리처드 라이더라는 사람이 1970년대에 최초로 사용했으며, 이후 호주의 철학자 피터 싱어를 통해 대중적으로 사용되었습니다. 종차별주의란 어떤 개체가 단지 특정 종에 속해 있다는 이유로 다른 종에 속해 있는 개체에 비해 우월하거나 열등하다고

평가는 여자가 나아도 일할 사람은 남자가 낫지~

성차별주의

흑인은 못 들어와요. 돌아가세요.

그건 부당해요!

인종차별주의

공리주의는 A와 B가 있을 때 상황에 따라 누가 고통을 더 크게 느끼는지 봐서 더 많은 고통을 느끼는 대상을 우선적으로 고려하라고 요구합니다.

만약 A가 소, B가 사람이라면 어떻게 하겠어요?

앗! 갑자기 너무 어렵다. 당연히 인... 인간?

종차별주의

생각하는 태도를 말하는데요. 이는 앞에서 언급한 나치의 유대인 차별과 다를 바 없는 태도입니다.

채식이　휴우~ 논리적 일관성을 유지하고자 한다면 받아들일 수밖에 없을 것 같네요. 어쩌면 제 스스로가 워낙 인간 중심적으로 살아왔기 때문에 뭔가 이상하다고 생각하는 것일지도 모르겠습니다.

상당히 쿨한데요? 평상시 자신이 생각하는 바와 뭔가 다른 이야기를 들으면 사람들은 일반적으로 자신이 지금까지 가지고 있던 생각을 바꾸려 하기보다 자신의 생각이 맞다고 생각하고 새로운 정보는 받아들이지 않으려 하는 편인데….

채식이　흠! 제가 좀 그런 면이 있어요. 헤헤! 공리주의자가 왜 동물에게 도덕적 지위를 부여하는지를 이제 이해할 수 있을 것 같아요. 채식주의자가 별다른 이유 없이 채식을 이야기하는 것이 아니군요. 물론 모든 채식주의자가 이와 같은 과정을 겪으면서 채식을 하는 건 아니겠지만 만약 이런 생각을 가지고 채식을 한다면 그들의 태도에 무턱대고 반발심을 가져서는 안 될 것 같네요.

네. 여기서 잠깐 채식주의자를 분류하자면 채식주의에는 몇 가지 유형이 있습니다. 먼저 채식을 하는 이유에 따라 종교적 채식주의, 건강을 목적으로 한 채식주의, 윤리적 채식주의 등으로 분류할 수 있고, 채식을 하는 엄격성에 따라 완전 채식을 하는 비건(vegan), 고기와 새의 알을 먹지 않지만 유제품을 먹는 락토 베지테리언(lacto-vegetarian), 고기와 유제품을 먹지 않는 오보(ovo) 베지테리언, 달걀을 포함 새의 알과 유제품을 먹으면서 고기를 먹지 않는 락토 오보(lacto-ovo) 베지테리언이 있습니다. 이외에도 엄격하게 말해 채식주의자는 아니지만 그럼에도 채식을 지향하는 사람들이 있는데 유제품, 달걀, 그리고 어류까지 먹고, 조류와 포유류를 먹지 않는 페스코(pesco) 베지테리언, 조류까지 먹고, 포유류만 먹지 않는 폴로(pollo) 베지테리언, 대부분의 경우 채식을 하지만 간혹 육식을 하거나 공장식 농장이 아닌 곳에서 사육된 고기만을 선별적으로 먹는 플렉시테리언(flexitarian) 등이 있습니다. 한편 식물도 생명이기 때문에 죽여 없애선 안 된다는 이유로 식물의 과일이나 열매 등만을 섭취하는 푸르테리언(fruitarian)도 있습니다. 이들 중에서 어떤 유형의 채식을 하는지는 각각 이유가 다른데요. 예를 들어 동물이 고통을 느낀다는 이유로 완전 채식을 하는 사람은 윤리적 채식주의자이자 비건인 것이고, 식물이 생명체라는 이유로 오직 과일이나 열매만을 먹는 사람 또한 윤리적 채식주의자이자 푸르테리언인 겁니다.

채식이　　일부 채식주의자가 과격한 행동을 통해 채식을 강요하는 것처럼 보이는 경우도 그렇게 하는 이유를 확인해보고 그들의 행동을 판단해야 할 것 같네요.

그렇죠. 일단 감정적으로 거부감을 가지면 객관적인 판단을 하기 어렵습니다. 좀 더 많은 정보를 확인할 때까지 가급적 판단을 유보하는 자세가 필요하죠. 이는 동물 문제에 대해서뿐만 아니라 우리가 살아가면서 견지해야 할 기본적인 태도라할 수 있어요. 다시 고통 비교의 문제로 돌아가서 이야기를 이어가도록 하겠습니다. 만약 A와 B를 확인해봤더니 이들이 각각 동물과 식물이었습니다. 이 경우는 어느 쪽을 우선적으로 고려해야 할까요?

동물	식물
??	??

채식이　　이 경우도 상황에 따라 동물과 식물을 우선적으로 고려해야 하는 것 아닐까요?

글쎄요. 공리주의자는 이 경우 동물을 우선적으로 고려해야 한다고 생각합니다. 그 이유는 동물은 행복과 고통을 느낄 수 있는 능력을 갖추었음에 반해 식물은 그러한 능력을 갖추고 있지 못하기 때문이죠. 앞에서 이야기한 바와 같이 공리주의자는 행복을 선, 고통을 악이라고 생각하는데, 이러한 기준으로 보았을 때 동물과 달리 식물은 행복과 고통을 느낄 수 있는 능력을 갖추고 있지 못합니다. 공리주의자는 이러한 능력, 다시 말해 쾌락과 고통을 느낄 수 있는 유정적 존재(sentient being)만을 도덕적 고려의 대상으로 간주하는데, 식물은 이러한 능력을 갖추지 못했기 때문에 고려의 대상이 아니라고 생각합니다. 그리고 바로 이와 같은 이유로 공리주의자는 채식을 해야 한다고 이야기하는 것이죠.

채식이   간단히 말하자면 동물은 유정적 존재임에 반해 식물은 그러한 존재가 아니기 때문에 채식을 하라는 것이군요.

그렇습니다. 그럼에도 식물 또한 생명체이고, 우리가 알지 못하는 방법으로 고통을 느낄 수 있고, 나아가 식물이 전 세계 생태계에 미치는 영향을 감안한다면, 우리가 무생물 대하듯 이들을 대해선 안 되겠죠. 불가피한 경우가 아니라면 우리가 식물의 생명 또한 함부로 빼앗아선 안 될 겁니다. 그럼 복습 차원에서 하나만 더 물어볼게요. 만약 한쪽이 연필이고, 다른 한쪽이 돼지라면 어느 쪽을 우선적으로 고려해야 하는 걸까요? 그리고 그 이유는 뭐죠?

동물	연필
??	??

채식이   동물이요. 왜냐하면 동물은 쾌락과 고통을 느낄 수 있는 유정적 존재임에 반해, 연필은 유정적 존재가 아닌 무생물이기 때문입니다.

네, 제대로 파악했네요. 채식이가 말한 이유로 동물은 고려해야 할 대상이지만 연필은 유정적 존재가 아니기 때문에 고려할 필요가 없습니다. 때문에 우리는 연필을 깎아서 사용해도 전혀 문제가 없는 겁니다. 그런데 우리가 고기를 먹는다는 것은 동물을 마치 연필을 깎듯 해서 잡아먹는 것이니 분명 재고해봐야겠죠?

채식이   공리주의 입장에서 왜 채식을 해야 된다고 이야기하는지는 확실히 이해했습니다. 채식주의자, 적어도 윤리적 채식을 지향하는 사람들은 그저 동물이 불쌍하기 때문에 육식을 피하라는 것이 아니군요.

물론 불쌍하기 때문에 동물을 잡아먹어선 안 된다고 하는 것을 무턱대고 문제 있는 태도라고 할 수는 없습니다. 하지만 불쌍하다는 느낌을 갖는 사람이나 대상은 각기 다를 수 있습니다. 예를 들어 어떤 사람은 소나 돼지에 대해 연민의 정을 느낄수 있지만, 그렇지 않은 사람도 있을 수 있고, 어떤 사람은 모든 개를 불쌍하다고 생각함에 반해, 다른 사람은 집에서 같이 사는 반려견에 대해서만 공감을 느낄 수 있죠. 그런데 이처럼 개인의 감정에 따라 도덕적 고려의 대상이 달라진다면, 그리

고 이러한 기준을 인간사에 적용할 경우 혼란에 빠질 수밖에 없습니다. 우리가 특정 지역이나 국가, 혹은 인종의 사람들에게 공감을 느끼지 못한다고 해서 그들을 고려의 대상에서 제외해도 되는 걸까요? 우리가 어떤 도덕적 기준을 선택하려 할 때 고려할 것 중 하나는 그러한 기준을 선택해서 일반화했을 경우 별다른 문제가 없는지를 생각해봐야 한다는 것입니다. 그런데 불쌍함, 연민 혹은 공감 등의 감정을 기준으로 삼아 도덕적 고려의 대상을 정하려 할 경우 고려의 대상이 임의적으로 정해질 가능성이 매우 큽니다. 나치는 유대인에게 연민을 느끼지 않았는데, 그렇다고 나치의 유대인 학살이 정당하다고 말할 수는 없는 거잖아요?

채식이 언뜻 생각했을 때는 감정을 기준으로 고려의 대상을 결정하는 것이 별다른 문제가 없어 보였는데, 이를 적용했을 때의 문제점에 생각이 닿으니 우리 감정을 도덕적 고려의 기준으로 삼아선 안 될 것 같네요.

마지막으로 공리주의적 판단에서 유의할 점을 이야기하면서 정리하도록 할게요. 공리주의의 특징을 다루면서 언급했지만, 공리주의는 동일한 처우가 동일한 양의 고통이나 행복을 산출하는 것이 아니라고 생각합니다. 예를 들어 내가 사랑하는 사람에게 입맞춤했다고 했을 때 그 사람은 상당히 커다란 행복을 느낄 겁니다. 이에 반해 내가 전혀 모르는 사람에게 했다고 했을 때 상대방은 엄청난 불쾌감을 느낄 거예요. 이처럼 동일한 행동을 했다고 하더라도 상대가 누구냐에 따라 그가 느끼는 행복과 고통은 천차만별입니다. 이처럼 공리주의는 내가 어떤 행동을 했을 때 어떤 동기를 가지고 했느냐에 초점을 맞추지 않고 그 행동이 초래하는 행복과 고통에 초점을 맞춥니다. 그리고 동일한 행동이나 처우가 동일한 결과를 낳지 않음을 기억하는 것이 매우 중요하죠.

채식이　　교수님의 말씀을 약간 응용하자면 동일한 양의 행복이나 고통을 산출하고자 할 때 내가 해야 하는 행동 또한 달라질 수 있겠네요.

그렇습니다. 예를 들어 내가 어떤 사람을 크게 행복하게 하려면 많은 조건을 만족시켜야 할 수 있습니다. 그리하여 커다란 집, 비싼 자가용과 가구, 보석, 훌륭한 교육 외에 많은 조건을 충족시켜야 그가 만족할 수 있습니다. 하지만 동일한 조건을 돼지에게 제공한다고 했을 때 돼지가 행복할 리 만무합니다. 돼지가 비싼 자가용을 타고 돌아다니고, 다이아몬드 목걸이를 하고 다닌다고 과연 만족할까요? 돼지는 마음껏 뛰어놀 수 있는 공간, 킁킁거리며 냄새를 맡을 수 있는 흙, 가족끼리 어울려 살 수 있는 환경 정도만 제공해도 얼마든지 만족하면서 살아갈 수 있을 거예요. 반면 이러한 조건을 인간에게 제공한다고 했을 때 인간은 심지어 극도로 불쾌감을 나타낼지도 모릅니다.

채식이   아! 그러니까 동물을 도덕적으로 고려한다고 해서 말 그대로 인간과 동물을 동등하게 처우한다는 이야기가 아니군요. 오히려 종이 가지고 있는 특성에 따라 다른 처우를 염두에 두는 것이야말로 양자를 동등하게 처우하는 것이 될 수 있겠네요. 잘 알겠습니다. 교수님, 그런데 공리주의가 아닌 다른 도덕 이론을 통해서도 동물에게 도덕적 지위를 부여할 수 있나요?

그럼요. 지금까지 살펴본 공리주의의 방법으로 동물에게 도덕적 지위를 부여하려 한 대표적인 학자는 피터 싱어입니다. 그는 1975년 《동물 해방》을 출간했는데, 이 책은 동물해방 운동 진영의 바이블로 간주되고 있으며, 지금도 동물 윤리의 대표적인 서적을 들라하면 흔히 이 책이 거론됩니다. 그런데 동물 윤리를 거론할 때 피터 싱어의 저술 못지않게 중요하게 간주되는 또 다른 책이 있습니다. 톰 레건의 《동물권 옹호(The Case for Animal Rights)》라는 책인데요. 싱어의 책이 공리주의로 대표되는 결과론에 초점을 맞추어서 쓴 책이라고 한다면, 레건의 책은 의무론을 바탕으로 쓴 책입니다. 이 두 책은 동물 윤리에 관한 논의의 시발점을 이룬 책으로, 이들 책으로부터 가지치기가 이루어져 오늘날의 다양한 동물 윤리학적 논의가 이루어지고 있다 해도 과언이 아닙니다.

채식이   톰 레건이요?

네, 레건이요. 레건에 따르면 자의식이 있는 동물, 다시 말해 믿음과 욕구를 가질 수 있는 동물, 그리고 미래를 생각하고 목표를 가질 수 있는 동물은 '삶의 주체'가 될 수 있는 존재로, 다른 존재에 대한 유용성 등과 무관하게 '본래적인 가치'를 갖습니다. 이러한 가치는 절대적인 가치로, 다른 것과 맞바꿀 수 없습니다. 이처럼 고유한 가치를 갖는 존재는 다른 어떤 목적의 수단이어서는 안 되며, 그 자체가 목적이어야 합니다. 우리는 이들을 함부로 치우해서는 안 되며, 이들을 식용으로 사용하는 것은 도덕적으로 용납될 수 없습니다. 레건에 따르면 한 살 이상의 정상적인 모든 포유류는 삶의 주체이고, 이에 따라 본래적인 가치를 가지며, 고유한 권리를 갖습니다.

채식이　　그런데 동물이 우리가 상식적으로 생각하는 권리를 가질 수는 없을 것 같은데요? 동물이 가령 투표권이나 교육권을 행사할 수 있는 것은 아니잖아요.

맞습니다. 레건이 말하고 있는 권리는 도덕적 권리로, 이는 법적인 권리와는 다른 개념입니다. 법적인 권리는 특정 사회와 문화 내지 국가의 법이 규정하는 바에 따라 그 권리가 달라질 수 있습니다. 이에 반해 도덕적인 권리란 상황에 따라 주어지기도 하고 그렇지 않기도 한 권리가 아니라, 삶의 주체인 모든 존재에게 귀속되는 권리입니다. 그리고 삶의 주체로 간주되는 존재는 그 존재가 인간이건, 인간 아닌 동물이건 그와 상관없이 무조건적으로 주어집니다. 이렇게 본다면 동물의 권리를 말할 때 가령 개나 소에게 어떻게 투표권이나 교육권 등이 주어질 수 있느냐고 묻는 것은 법적인 권리와 도덕적인 권리를 혼동한 것입니다. 레건에 따르면 본래적인 가치를 갖는 존재는 어떤 종에 소속되건, 그 존재가 선하건 악하건 그와 상관없이 존중받을 가치를 가지고 있습니다.

채식이   뭔가 천부인권과 유사한 것 같은데요?

비슷하다고도 볼 수 있을 것 같습니다. 천부인권이 인간만의 권리를 이야기하고 있고, 하늘을 이야기하고 있다는 것만 빼고요. 레건에 따르면 본래적 가치를 갖는 존재는 어떤 존재이건 이러한 권리를 동등하게 가지고 있으며, 나쁜 일을 했다고 해서 이러한 권리가 상실되고 좋은 일을 했다고 해서 권리가 더 많아지지 않습니다. 이렇게 보자면 이태석 신부님이건 히틀러건 돼지건 모두가 삶의 주체이기 때문에 동등하게 본래적 가치를 갖습니다. 이러한 가치는 쾌락이나 선호 만족과 같은 가치와 개념적으로 구별되고, 환원할 수 없으며, 다른 무엇에 비할 수 없는 종류의 가치입니다. 동물은 바로 이와 같은 가치를 가지고 있는 존재이기에 죽이는 것은 말할 것도 없고 어떤 경우에도 해악을 끼쳐선 안 되는 존재인 겁니다. 이런 입장을 취한다면 레건은 당연히 고기를 피하고 채식을 해야 한다고 하겠죠?

채식이   그렇겠네요.

이들 두 윤리학자들에 의해 동물에게 도덕적 지위가 부여되어야 한다는 주장이 제기된 이래 지금까지 동물의 도덕적 지위에 관한 논의는 가지에 가지를 치면서 계속 이어지고 있습니다. 개중에는 동물에게 그와 같은 지위가 부여되지 않는다고 주장하는 사람도 물론 있습니다. 하지만 그 정도라는 측면에서 차이가 있긴 하지만 윤리학자는 적어도 동물이 크고 작은 방식으로 도덕적 지위를 갖추고 있다는 데에는 대체로 동의하고 있습니다. 동물을 말 그대로 함부로 대해도 된다고 생각하는 윤리학자는 거의 존재하지 않는 거죠.

채식이   제가 공부를 깊이 해본 것은 아니지만 교수님이 설명해주신 공리주의에 입각한 동물들에게 도덕적 지위가 부여되는 이유만 들어봐도 어느 정도 그럴 것 같다는 생각이 듭니다. 네, 이제 사람이 즐겨 먹는 고기를 제공하는 동물들이 어떻게 살아가고 있는지를 알아보도록 해요. 고생하셨습니다, 교수님!

고기를
제공하는
동물들이
살아가는
모습

with
활동가

2

안녕하세요. 동물에게 왜 도덕적 지위가 부여되는지에 대한 교수님 말씀을 잘 들었나요? 저는 소위 가축이라 불리면서 우리에게 고기를 제공하는 동물이 어떻게 살아가는지에 대해 설명해드릴 활동가입니다. 반가워요. 학생은 사람들이 즐겨 먹는 동물들이 어떻게 살아가고 있을 거라 생각하나요?

글쎄요. 제가 그렇게까지 많은 것을 생각해본 적이 없어서….

그럴 거예요. 만약 가축이 태어나서부터 죽어서 고기가 되어 우리 식탁에 오르기까지의 과정을 모두 적나라하게 공개한다면 지금보다 훨씬 많은 사람이 고기 먹는 것에 대해 고민을 해볼 것이며, 고기 생산업은 상당히 위축될 가능성이 높습니다. 1960~70년대 BTS였던 비틀스의 멤버 폴 매카트니는 "만약 도살장이 유리벽으로 되어 있다면 모든 사람이 채식주의자가 될 것이다"라고 말했는데, 실제로 관련 다큐멘터리를 조금만 봐도 가축이 태어나서 도축에 이르기까지의 과정이 얼마나 잔혹함으로 점철되어 있는지를 알 수 있습니다. 저도 조금 덜 자극적인 것으로 분류되는 영상을 봤는데 그럼에도 정말 끔찍하더라고요. 어떻게 사람이 그럴 수 있을까라는 생각이 들기도 했죠.

채식이   그렇게 말씀하시니까 사람이 동물을 마구 때리는 것이 생각나는데, 실제로 동물이 사람들의 폭력에 시달리나요?

경우에 따라 그렇죠. 하지만 설령 그런 경우가 아니더라도 동물이 극도로 열악한 환경 속에서 평생을 살아간다면 이로 인해 얻어맞는 것 이상의 고통이 생길 수 있을 거예요. 먼저 우리에게 고기를 제공하는 소가 살아가는 과정부터 이야기해볼게요. 소는 태어나자마자 어미 소에게서 격리됩니다. 이는 양쪽 모두에게 고통을 주죠. 이와 같이 격리된 송아지는 수컷의 경우 생후 6개월이 되면 거세를 합니다.

채식이 거세요? 왜요?

수송아지의 경우 그대로 두면 근육이 발달하는데, 그 고기는 매우 질겨서 사람이 먹으려 하지 않아요. 그런데 거세를 할 경우 수컷 호르몬이 영향력을 발휘하지 못해 소의 몸 자체가 암소처럼 변하죠. 그러면 고기가 부드러워집니다. 사람들이 질긴 고기보다 부드러운 고기를 좋아한다는 점을 감안한다면 생산업자가 수송아지에게 어떻게 할 것인지는 미루어 짐작할 수 있죠.

채식이 끔찍하네요. 인간의 욕구에 맞추려다 보면, 그리고 생산업자가 돈을 벌려면 그렇게 할 가능성이 매우 높겠네요.

그런데 이게 끝이 아닙니다. 많은 경우 소는 운동을 전혀 하지 못한 채 뒤도 돌아보지도 못하는 좁은 우리에 갇혀 평생을 지내게 됩니다. 그러면서 이들은 몸집을 불리기 위해 끊임없이 먹어야 합니다. 그런데 이렇게 계속 먹으면 인간과 마찬가지로 몸에 탈이 날 수밖에 없습니다. 그리고 사료에는 항생제가 들어갑니다. 그렇게 하지 않을 경우 자연 환경이 아닌 밀집형 사육이 이루어지는 환경에서 살아가는 소는 병이 들 수밖에 없고, 이러한 병이 전염이라도 되면 병에 걸린 소를 모두 죽여야 하는 상황이 벌어지기 때문이죠. 이는 생산업자에게는 치명적이고, 때문에 사료에 항생제를 섞을 수밖에 없는 것이죠.

채식이　　항생제가 섞인 사료를 먹는 소의 고기는 고스란히 우리 건강에도 부정적인 영향을 주겠네요.

그렇다고 봐야겠죠? 그런데 우리에게 미치는 부정적인 영향을 떠나서 소는 고기가 될 때까지 죽지 않고 최대한 몸무게를 늘리며 살아있어야 하기 때문에 항생제 외에도 다양한 주사를 맞아야 하며, 인간의 원활한 바닥 청소를 위해 소의 입장에서는 매우 불편한 콘트리트나 철망 바닥에 평생을 서 있어야 하는 경우가 많습니다. 이렇게 살아있는 것도 잠시, 거세당한 수

소는 생후 30개월이 되면 삶을 마감하여 고기가 됩니다. 암소는 수소에 비해 조금 더 오래 사는데, 그렇다고 그 삶이 행복한 것은 전혀 아닙니다. 암소는 출산을 하고 나서 80일이 지나면 인공수정이 이루어지는데, 이와 같은 방식으로 서너 번 출산을 하는 네다섯 살 정도가 되는 시점이 되면 도축장으로 끌려가 고기로 전환됩니다. 소의 수명이 20년 정도라고 하는데, 네다섯 살이면 인간으로 치면 2~30대에 죽음을 맞이하는 것입니다.

채식이 한마디로 평생을 고통 속에 살다가 우리 식탁에 오른다 해도 과언이 아닌 것 같습니다. 이런 상황은 다른 가축도 비슷한가요?

비슷하거나 이보다 심하기도 하죠. 이번에는 돼지에 대해 이야기해볼게요. 돼지는 인간이 느끼기에 다소 불쾌한 소리를 지르기도 하고, 개에 비해 사교성이 상대적으로 떨어져서 비호감으로 여겨지기도 하는데 이들의 지능은 개를 능가한다고 해요. 돼지는 다른 돼지와의 유대감도 남다른데, 인간과의 친밀성이라는 측면을 제외한 나머지 측면으로 따지자면 개보다 못한 측면이 별로 없다고 해도 과언이 아닐 정도입니다. 그럼에도 대부분 공장식 농장에서 사육되는 이 동물은 소 이상으로 고통 속에서 살아가는데요. 이들은 태어난 지 얼마 되지 않은 아기 돼지일 때 이빨을 뽑히고 꼬리가 잘리는데, 이때 마취가 이루어지지 않으며, 소독 차원에서 이루어지는 절단 조치로 불로 지져집니다. 꼬리를 자르고 이빨을 뽑는 이유는, 돼지가 공장식 농장이라는 열악한 환경 속에서 스트레스를 받으면 다른 돼지의 꼬리를 물어뜯을 우려가 있기 때문이래요. 그런데 돼지에 대한 가혹 행위는 여기서 끝나지 않습니다. 숫돼지의 경우는 태어난 직후 거세도 함께 이루어집니다. 이렇게 하지 않을 경우 고기에서 노린내가 나서 사람이 싫어하기 때문이라고 해요.

채식이   정말 너무하네요…. 동물에 대한 배려는 전혀 없고 철저하게 인간의 이익만을 생각하는 것 같아요.

이처럼 이빨을 뽑고 꼬리를 자르고 거세하는 것은 고통의 서곡에 불과합니다. 돼지는 창문 없는 축사의 스톨(stall)이라는 몸에 꽉 끼는 좁은 금속 틀 우리에서 살아가는데요. 평생을 몸도 제대로 움직일 수 없는 공간에서 살아간다고 생각해보세요. 얼마나 답답할까요. 또한 창문이 없는 축사의 공기가 좋을 리 만무한데, 이런 곳에서 살다 보니 돼지의 상당수가 폐질환을 갖게 됩니다. 물론 그들에게 평생이라고 해봤자 6개월 정도에 불과합니다. 이들의 자연 수명이 15년이고, 8개월 정도 시간이 흘러야 어른이 되지만 6개월 만에 도축되는 이유는 이때가 사료 전환율이 가장 높은 시기이기 때문이라고 하네요. 이처럼 돼지는 어른이 되기도 전에 고기가 되어버립니다.

채식이　아, 정말 불쌍해요. 자기가 원해서 돼지로 태어난 것도 아닌데 단지 돼지로 태어났다는 이유만으로 짧은 삶 동안 그렇게 고통만 가득 안고 살아가다니….

이번에는 닭 이야기를 좀 해보도록 할게요. 인간의 기준에서 보았을 때 닭은 고기를 제공하기 위해 사육되는 육계와 달걀을 위해 사육되는 산란계로 구분되지만 양쪽 모두 고통을 받으며 살아가는 것은 다를 바 없고, 여기에서는 산란 닭이 살아가는 모습에 대해서만 간략하게 소개할게요. 많은 경우 생산업자는 이들의 복지에 대해서는 전혀 염두에 두지 않고 오직 최대한의 이익 창출에만 관심을 갖습니다. 암탉은 태어나자마자 달걀을 쪼아서 깰 우려가 있다고 하여 부리를 제거당합니다. 이후 그들은 배터리 케이지(Battery Cage)라는 철망으로 된 우리에 수용되는데, 심한 경우 암탉 두세 마리가 공책 한 장 정도 크기의 협소한 공간에서 살아가죠.

채식이 아니, 어떻게 공책 한 장 정도 크기의 공간에 두세 마리가 수용될 수 있죠?

…. 수용되는 케이지의 협소함 이상으로 문제는 사방이 철망인 것은 물론, 닭이 서 있는 바닥과 천장마저도 철망이라는 겁니다. 이러한 철망 위에서 닭은 서 있기도 매우 어려운데, 어떤 경우에는 발톱이 자라서 철망을 둘러쌈으로써 옴짝달싹 못하게 되기도 합니다. 또한 케이지는 쌓아 올려놓는 경우가 많은데, 이 경우 위층에 사는 닭의 대소변이 아래로 떨어짐으로써 아래에 사는 닭이 이를 온통 뒤집어쓰게 됩니다. 이처럼 밑으로 떨어지는 대소변은 곧바로 제거되지 않는데, 이로 인해 닭장 안은 암모니아와 먼지가 가득하며, 닭에게 전염병이 생길 가능성이 매우 높습니다. 현재 이들은 달걀을 낳는 기계로

완전히 전락했는데, 과거 닭의 조상이 1년에 10~15개의 알을 낳았던 반면, 오늘날의 암탉은 1년에 300여 개의 알을 낳고 있죠. 닭은 다른 닭이 보지 않는 편안한 둥지에서 알을 낳으려 하지 여간해서는 철망으로 된 케이지에서 알을 낳지 않습니다. 이러한 사실은 암탉이 산란 둥지에 다가가려는 노력이 20시간 동안 굶은 상태에서 모이에 다가가려고 애쓰는 경우에 못지않았다는 실험 사례에서도 확인된 바 있죠. 한편 암탉의 생산력이 떨어지면 털갈이 과정을 거치게 하는데, 그들을 굶기면 털갈이를 하게 되고, 이처럼 털갈이를 하면 4개월 정도 알을 더 낳을 수 있습니다. 이 과정이 끝나면 암탉도 죽음을 맞이하죠.

채식이   우리가 즐겨 먹는 동물들은 말 그대로 지옥에서 살아가다가 죽음을 맞이하는군요.

네, 지옥이라고 해도 공장식 농장처럼 잔혹하진 않을 것 같다는 생각이 듭니다. 그런데 암탉은 그나마 살아남기라도 하는데요. 암탉과는 달리 산란 닭이 낳은 수평아리는 태어나자마자 대량으로 질식사당하거나 한꺼번에 쓰레기통에 처박히기도 하며, 분쇄기에 던져지기도 합니다. 이들은 산란 닭으로서의 가치가 없고, 살려둬봤자 수익을 창출하기 어렵기 때문에 살려둘 이유가 없는 것이죠.

채식이　그런데 활동가님! 아까부터 공장식 농장을 말씀하시는데, 그게 뭐죠?

공장식 농장이란 고기를 더 많이, 더 빨리 생산하여 고기 소비자의 수요를 충족시키기 위해 가축을 제한된 공간에서 대규모로 밀집식으로 사육하는 농장을 말합니다. 이러한 농장은 동물 사육 과정이 기계화·자동화되어 있고, 동물을 생명으로 간주하여 존중하려 하지 않으며, 그들을 물건 찍어내듯 생산해내기 때문에 공장식 농장이라고 불리기도 합니다. 간단히 말하자면 오늘날 고기에 대한 수요에 맞게, 생산자 입장에서 최소 비용으로 최대한의 이익을 얻기 위해 만든 것이 공장식 농장인 것이죠. 그런데 이러한 농장이 탄생함으로써 동물의 삶은 역사상 유래가 없을 정도로 최악으로 치닫고 있습니다.

채식이　이와 같은 공장식 농장에서 동물을 사육해야 할 이유가 있는 건가요? 마음껏 뛰어 놀게 하다가 어느 순간 죽음을 맞이하게 할 수도 있지 않나요? 그리고 즐겁게 살다가 죽음을 맞이하게 한다면 방금 말씀하신 고통을 동물에게 주지 않을 수 있는 것 아닌가요?

이론적으로는 그것이 가능할지 모르지만 현실적으로는 가능하지 않다고 보는 것이 옳을 겁니다. 고기에 대한 사람들의 수요는 계속 늘어나고 있는 추세이며, 오늘날 전 세계에서 사육되어 도축되는 육상동물의 수는 무려 500억 마리에 가깝다고 합니다. 그런데 이와 같은 수의 동물들을 인도적으로 사육해서 고기로 전환할 경우 사람들의 고기에 대한 수요를 따라갈 수가 없고, 비용 대비 이익도 거의 얻을 수 없습니다. 물론 영농업자 중에서도 동물에게 고통을 줘서는 안 되며 나아가 행복하게 살도록 해줘야 한다는 생각으로 동물을 마음껏 뛰어놀게 하려는 분이 계실 겁니다. 하지만 많은 경우 고기 생산업자이자 농장을 운영하는 사람은 자선 사업가가 아닌 이윤을 추구하는 사람이며, 이처럼 이윤의 극대화에 초점이 맞추어져 있을 경우 어차피 죽을 동물을 최소한의 노력으로 최대한의 고기를 생산하는 방법으로 처우하면 된다고 생각할 가능성이 높습니다. 이 경우 동물이 겪는 고통에는 아랑곳하지 않는, 이윤 극대화에 초점이 맞추어진 영농법을 채택하겠죠.

채식이   결국 이익의 극대화에만 초점을 맞추는 태도가 동물을 지옥에 빠뜨리는 거군요.

그렇습니다. 돼지의 이빨을 뽑고, 꼬리를 자르며, 거세를 하는 경우도 모두 마찬가지입니다. 그렇게 하지 않을 경우 손실이 이익보다 크다고 판단하기 때문에 그와 같은 조치를 취하는 것이지 만약 이익이 조금이라도 더 크다면 아마도 그러한 관행은 남아있지 않을 거예요. 언뜻 보기에 이해가 가지 않는 여러 잔혹 행위들은 이익 극대화의 시각에서 보면 왜 그러는지 어느 정도 이해가 갑니다. 물론 이해가 간다는 말이 어떤 것이 정당하다는 말은 전혀 아니고요. 넓은 들판에서 한가하게 풀을 뜯다가 죽음을 맞이하게 하는 것은 또 다른 측면에서 현실적으로 거의 어렵습니다. 넓은 들판을 뛰노는 동물은 근육이 발달하는데, 사람들은 근육이 발달하여 질겨진 고기를 구매하려 하지 않습니다. 이 경우 다른 업체와의 경쟁에서 뒤질 수밖에 없고, 결국 도산이 불가피해집니다. 이미 죽은 동물의 고기를 먹는 것도 마찬가지입니다. 사고로 죽은 경우가 아니라 나이가 들거나 병 들어 죽은 동물의 고기는 우리가 먹기 어려울 정도로 질기거나 위생상의 문제가 있습니다. 게다가 동물이 죽을 때까지 기다려서 고기를 확보하려 할 경우 고기에 대한 수요에 맞는 공급이 도저히 이루어질 수 없죠. 이러한 방식으로 고기를 확보하여 판매하려 했을 때 판매 경쟁에서 승리를 거두지 못할 것임은 불을 보듯 뻔합니다.

채식이   동물이 이런 끔찍한 과정으로 고기가 되어 우리 식탁에 오르는지는 정말 몰랐어요. 아니, 그냥 외면하면서 살아왔다고 하는 것이 조금 더 솔직하다고 할까요? 동물이 죽어서 고기가 되어 먹히면서 우리를 얼마나 원망할까라는 생각을 잠시 해본 적이 없었던 건 아니지만, 본격적으로 생각해본 적은 사실상 없었어요. 고기를 포기하고 싶지 않아서였을까요? …아무튼 그랬어요.

지금 설명하고 있는 내용은 잔혹한 장면을 직접 보는 것이 아니기 때문에 별다른 충격이 느껴지지 않을 겁니다. 그런데 너무 적나라한 장면을 담고 있는 다큐멘터리가 아니라고 하더라도 공장식 농장에서 자행되고 있는 온갖 행위들을 영상으로 보면 적어도 며칠 동안은 고기 먹기가 쉽지 않아요. 제가 관련 강연을 하면서 더 크게 마음을 움직인 것이 강연이었는지 영상이었는지를 물은 적이 몇 번 있었는데 거의 예외 없이 영상이 더 충격을 주고, 채식을 해야겠다는 생각을 갖게 한다고 하더라고요. 인터넷에 들어가서 조금만 검색해봐도 관련 영상을 어렵지 않게 찾아낼 수 있습니다. 한번 찾아서 직접 시청해보세요.

채식이   네, 그렇게 해볼게요. 그런데 왠지 불편함이 느껴질 것 같은 불안감이…. 하하.

아마도 공감 능력이 있다면 그럴 가능성이 높겠죠? 하하. 공장식 농장에서 자행되는, 동물에게 극심한 고통을 야기하는 관행은 사실상 우리가 묵인하기 때문에 계속된다고 해도 과언이 아닙니다. 다소 자극적인 느낌을 받더라도 사실을 직시하고 부당한 관행을 개선해나가는 것이 우리에게 주어진 임무이기도 합니다.

동물이 겪고 있는 고통을 완전히 종식시키진 못하더라도 그나마 줄이는 방법은 많은 사람이 채식을 하는 것입니다. 우리가 고기를 포함한 동물 제품을 먹지 않을 경우 개인적으로 매년 200마리의 동물이 도축되는 것을 막을 수 있다고 해요. 우리나라의 경우 여전히 완전 채식은 말할 것도 없고 어느 정도의 채식을 하기도 쉽지 않은 편이지만 그럼에도 가까운 과거에 비해서는 훨씬 상황이 나아졌어요. 채식, 생각보다 어렵지 않습니다. 완전 채식이 어렵다면 나름대로 기준을 정해놓고, 가령 '매주 월요일은 고기 먹지 않는 날'처럼 부분 채식이라도 해보는 것은 어떨지요?

#비건 #채식 #동물복지

#비건라이프
#채식생활

닭부스테이크
맛있

나 말고도 다양한 비건 활동을 실천하는 사람이 많네?

기왕이면 동물 실험을 하지 않는 제품을 구매하는 게 좋겠지?

라쿤 100%

SALE

HOT

레더부츠

동물 털, 가죽이 사용된 것들은 구매하지 않겠어.

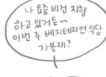

나 요즘 비건 지향 하고 있거든~ 이번 주 베지테리언 식당 가볼래?

비건 할만해? 나도 해볼까?

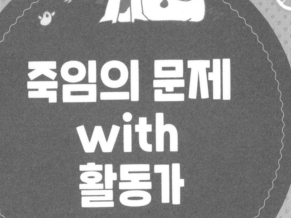

죽임의 문제
with
활동가

3

활동가님! 우리가 먹는 동물이 어떻게 살아가다 우리 식탁에 오르는지 이야기 잘 들었습니다. 엄청난 양의 고기에 대한 수요, 그리고 거기에 맞추어 고기를 공급함으로써 수익을 극대화해야 하는 고기 생산업자의 입장에서는 일정한 제재가 가해지지 않는 이상 공장식 농장을 선택하지 않을 수 없을 것 같은데요. 그럼에도 이야기를 들으면서 이상적인 농장을 생각해봤습니다. 만약 동물이 말 그대로 평화로운 농장에서 가족과 함께 잘살아가다가 어느 날 갑자기 고통 없이 도축된다면 그런 죽임은 허용될 수 있는 것 아닌가요?

좋은 지적이에요. 동물이 살아있는 동안 고통을 당하지 않아야 하는 것은 공리주의자의 입장에서는 당위입니다. 하지만 즐겁게 살다가 어느 순간 고통 없이 죽임을 당할 경우에 대해 어떻게 생각해야 할 것인지는 결정적으로 어느 쪽이 승리를 거두었다라고 이야기하기 힘들 정도로 복잡한 철학적 논의가 이루어지고 있습니다.

채식이   좋은 지적을 했다고 하니 갑자기 어깨가 으쓱하는데요? 왠지 철학자가 된 기분입니다!

먼저, 왜 인간의 생명이 소중하다고 생각하세요?

채식이   아이고, 갑자기 그렇게 질문을 하시니 잘 떠오르지 않네요. 그저 학교 다니면서 인간은 존엄하다는 이야기를 들어왔고, 인간의 목숨을 앗아가면 감옥에 가는 모습을 보다 보니 자연스레 인간의 생명이 소중하다고 생각하는 게 아닌가 싶네요.

맞아요. 대개 우리는 그저 인간의 생명이 소중하다고 생각하지 구체적으로 따져보는 경우는 별로 없는 것 같아요. 물론 종교적 측면에서 인간의 목숨이 중요하다고 생각할 수도 있습니다. 그런데 피터 싱어는 인간(모두는 아닌)이 이성과 반성력을 가진 사유하는 존재, 다시 말해 자의식을 가지고 있고, 미래감이나 타인과 관계를 맺는 능력 등을 가진 존재이기 때문에 그 생명을 소중한 것으로 생각할 수 있다고 밝히고 있습니다. 이는 '인격체(person)' 기준으로 알려져 있습니다.

채식이   네, 말씀하신 기준이 대략 인간을 살해해서는 안 되는 기준이라 생각해볼 수 있을 것 같네요.

지금부터는 공리주의를 조금 미세하게 구분해야 하는데요. 어떤 공리주의를 선택하느냐에 따라 결론이 달라질 수 있기 때문에 그렇습니다. 그리고 논의가 미묘하다 보니 다소 이해가 안 갈 수도 있는데요. 까다롭게 느껴지더라도 그냥 들어보세요.

채식이   네, 정신 똑바로 차리고 들어보도록 하겠습니다.

제가 지금부터 말씀드릴 두 가지 유형의 공리주의는 경험되거나 느껴진 어떤 것, 다시 말해 의식의 상태로서의 쾌락과 고통에 초점을 맞추는 고전적 의미의 공리주의와 생명체가 갖는, 미래에 충족시키고자 하는 선호에 초점을 맞추는 선호 공리주의입니다. 그런데 이중에서 고전적 의미의 공리주의는 행복하게 살아가고 있는 인간의 목숨을 고통 없이, 순식간에 앗아가는 것이 잘못인 이유를 설명하기 어려울 수 있습니다. 앞서 김 교수님이 말씀하신 것처럼 공리주의는 행복을 극대화하고 고통을 극소화하는 것을 이상으로 생각합니다. 그리고 우리는 어떤 사람의 목숨을 앗아갔다고 했을 때 그 사람이 살아있으면서 느낄 수 있는 행복을 앗아갔기 때문에 그 사람의 목숨을 빼앗아선 안 된다고 생각할 수 있습니다. 그런데 자세히 따져보면 이미 목숨을 빼앗긴 사람에게서는 앗아갈 (경험되거나 느껴지는 어떤 것으로서의) 행복이 없습니다. 목숨을 빼앗긴 사람은 이미 이 세상에서 사라져버렸고, 이 세상에 존재하지도 않는 사람의 행복을 빼앗을 수는 없는 노릇이죠.

채식이　대략적으로 이해했습니다. 현재 느껴지거나 경험되는 것으로서의 행복과 고통이 기준이라면 이미 이 세상에 존재하지 않는 사람은 행복과 고통을 느낄 수 없으니 빼앗을 행복과 고통이 없는 것이네요. 그리고 이 때문에 고통 없이 목숨을 빼앗는 것이 잘못임을 설명하기가 어렵게 되는군요.

그렇습니다. 만약 고전적 공리주의의 입장에서 즉각적으로, 고통 없이 행복하게 살고 있는 사람의 목숨을 빼앗은 것이 부당하다고 이야기하려면 이러한 살해가 미치는 사람들에 대한 영향에 호소해야 합니다. 가령 어떤 사람이 생명을 잃었다면 그 사람의 부모와 친지들이 심한 마음의 상처를 받을 것입니다. 그리고 아무 탈 없이 잘 살아가던 사람이 갑자기 누군가에게 즉각적으로, 고통 없이 살해당할 수 있을 경우 나를 포함한 이 세상을 살아가는 사람들은 두려움과 불안을 느끼게 될 겁니다. 이와 같은 이유를 들어야 고전적 공리주의는 즉각적으로 이루어지는 고통 없이 이루어지는 살해를 잘못이라 말할 수 있어요.

채식이   그런데 그와 같은 정당화는 왠지 조금은 부족해보이는데요? 본인에게 직접적으로 끼친 잘못을 거론해야 잘못임이 적절히 정당화될 것 같은데….

네, 바로 그런 문제점을 의식한 이론이 선호 공리주의입니다. 선호 공리주의는 고전 공리주의와 미묘한 차이가 있는데, 선호 공리주의는 어떤 존재의 선호를 충족시키면 옳은 것이고, 좌절시키면 그르다는 입장을 취합니다. 언뜻 봤을 땐 이러한 주장이 고전 공리주의와 별다른 차이가 없어 보이기도 하는데요. 선호 공리주의는 직접적인 고통의 경험이나 느낌이 아니라 살아있는 존재가 앞으로 충족시키고자 하는 선호의 좌절을 그르다고 주장한다는 측면에서 고전 공리주의와 입장을 달리합니다. 행복은 현재의 마음 상태에 초점이 맞춰져 있음에 반해, 선호는 앞으로 충족시킬 무엇에 초점이 맞추어져 있습니다. 그렇기 때문에 고전 공리주의와 달리 선호 공리주의는 목숨을 빼앗길 대상이 충족시키고자 하는 미래의 선호를 좌절시킨다는 직접적인 손해를 들어 살해의 그릇됨을 이야기할 수 있죠. 다시 말해 어떤 대상의 목숨을 빼앗는다면 이는 그 대상이 계속 살고자 하는 선호를 포함해 여러 선호를 좌절시키는 것이기 때문에 잘못이라고 할 수 있습니다.

채식이 알 듯 말 듯 한데 아무튼 선호 공리주의는 고전 공리주의로 설명하기 어려운, 고통 없는 살해 문제를 적절하게 설명하기 위한 이론이라고 생각할 수 있겠네요.

네, 그 정도로만 생각하면 됩니다. 이제 선호 공리주의의 입장에서 생각해보도록 하죠. 정상적인 성인은 사유 능력을 갖추고 있기 때문에 단지 살고자 하는 선호뿐만이 아니라 미래에 대한 다양한 선호를 가지고 있습니다. 달리 말하자면 정상적인 성인은 앞에서 이야기한 인격체이며, 때문에 미래에 충족시키고자 하는 다양한 선호를 가집니다. 그리고 이처럼 다양한 선호를 가지고 있기 때문에 정상적인 성인의 목숨을 앗아가는 것은 다른 동물들의 목숨을 앗아가는 것에 비해 더 커다란 잘못을 범하는 것이 됩니다. 더 많은 선호를 좌절시키니까요. 예를 들어 정상적인 성인이 죽임을 당할 경우 좋은 직장을 갖고자 하는 꿈, 좋은 책을 쓰고자 하는 꿈 등을 충족시키지 못할 수 있습니다. 이처럼 목숨을 잃는 존재가 인격체인지의 여부는 좌절되는 선호의 많고 적음에 영향을 미치는데, 설령 정확한 비교가 이루어질 수 없음을 감안한다고 해도 이상에서와 같은 이유로 정상적인 성인의 목숨은 지구상의 다른 어떤 생물의 생명보다 소중하다고 말할 수 있습니다.

알겠습니다. 그런데 활동가님이 인격체가 갖는 선호를 말씀해주셨는데요. 인간 중에서도 인격체가 아닌 경우가 있을 것 같고, 거꾸로 동물 중에서도 인격체가 있을 수 있을 것 같은데, 맞나요?

그렇습니다. 인간 중에서 심각한 정신 장애인, 식물인간, 아기 등은 대체로 인격체라는 기준을 충족시키지 못함에 반해, 침팬지나 오랑우탄 등의 동물은 인격체라는 기준을 어느 정도 충족시키죠. 돼지나 소 등은 이러한 기준을 완전히 충족시킬 수 있는 것은 아니지만 그럼에도 인격체가 아니라고 단정 지을 수 있는 것도 아닙니다. 그들은 인간에 비할 정도는 아니라고 해도 어느 정도 인격체라는 기준에 부합한다고 말할 수 있습니다. 특히 돼지의 경우는 그래요. 포유동물은 대체적으로 자신을 과거와 미래가 있는, 개별적 존재로 파악한다고 할 수 있습니다. 그들은 어느 정도 합리적이면서 자의식적인 존재라 할 수 있죠.

그런데 과거와 미래를 가지는, 합리적이면서 자의식적인 존재, 다시 말해 인격체로 간주되는지의 여부를 엄밀하게 구분할 수 있나요? 논란의 여지가 있을 것 같은데….

맞습니다. 이런 경우엔 의심의 이득(benefit of doubt)이 주어져야 할 것 같아요. 예를 들어 사냥터에서 인간인지 사슴인지 정확히 분별이 되지 않은 존재를 발견했다고 했을 때 사냥꾼은 그 대상을 향해 총을 발사해서는 안 됩니다. 인간인지가 의심스러운 상황이기 때문에 총을 쏘아선 안 되는 것이죠. 이처럼 어떤 판정을 하기가 애매할 경우 우리는 바로 그런 이유 때문에 확정적으로 판정을 해서 행동을 하면 안 되는 것입니다. 동물이 과거와 미래를 가지는, 합리적이면서 자의식적인 존재인지의 여부를 판정할 때도 의심의 이득을 염두에 두어야 합니다. 정확히 모를 경우에는 그런 것으로 간주해서 동물에게 의심의 이득을 줘야 하는 것이죠.

채식이 그렇다면 과거와 미래를 갖지 않고, 합리적이지도 자의식적이지도 않은 존재를 죽이는 경우는 어떻게 생각해야 하나요?

그런 동물을 죽이는 경우는 어느 정도 융통성이 있습니다. 일단 양식하는 물고기가 과거와 미래를 의식하지 못하고, 합리적이면서 자의식적인 존재도 아니라고 간주하고 이야기를 해볼게요(이는 논란의 여지가 있지만 여기서는 그렇게 가정해보겠습니다). 양식업자가 경제적 이득을 위해 물고기를 양식하고 있고, 물고기는 별다른 문제없이 하루하루를 살아가고 있습니다. 그런데 양식업자가 어느 순간 아무 고통을 주지 않고 물고기의 목숨을 빼앗았습니다. 이러한 죽임에 대해서는 어떻게 생각해야 할까요?

채식이 글쎄요. 상황에 따라 다를 수 있을 것 같기도 한데….

네, 그래요. 선호 공리주의자는 상황에 따라 물고기를 죽이는 것을 용인할 수 있다고 생각하는데요. 만약 물고기가 인격체가 갖추어야 할 조건을 갖춘 존재가 아니라면 물고기는 과거와 미래를 의식하지 못하고 순간순간을 살아가는 존재일 겁니다. 이와 같은 물고기의 선호는 순간적으로 나타났다 사라짐을 반복하지 과거와 연결되거나 미래로 이어지지 않습니다. 또한 물고기는 자신을 '나'라고 의식하면서 살아가는 존재도 아닙니다. 이러한 물고기의 선호는 역사성을 갖지 않는 순간적인 것이기 때문에 새로 태어날 다른 물고기의 선호에 의해 대체될 수 있습니다. 아마도 이러한 물고기들은 물고기에 대한 소비자의 수요가 없으면, 그리고 이들의 수요를 감안해 물고기를 공급하고자 하는 생산업자가 없으면 아예 탄생할 수도 없었을 것입니다. 물고기는 물고기를 먹고자 하는 인간의 욕구가 있었기에 탄생할 수 있었던 것인데, 물고기의 선호는 이러한 물고기가 죽임을 당할 경우에만 존재하게 될, 아직까지 이 세상에 태어나지 않은 물고기의 선호로 대체될 수 있을 겁니다. 물고기의 단순한 선호는 새로 태어나는 다른 물고기의 선호로 대체될 수 있다는 거죠.

채식이   그렇다면 인격체가 갖추어야 할 조건을 갖춘 존재의 생명은 왜 대체 불가능한 건가요?

대체는 특별한 차이가 없는 경우에 한해 이루어질 수 있습니다. 물고기가 갖는 선호는 그저 살고자 하는 선호일 텐데, 만약 고통 없이 물고기를 죽게 한다면 이러한 선호는 다른 물고기가 태어남으로써 대체될 수 있습니다. 하지만 과거와 미래를 가지는, 합리적이면서 자의식적인 동물의 선호는 개인 내지 개체의 살아온 과정과 미래에 대한 계획 등으로 인해 특이성을 갖습니다. 그런데 특이성을 갖는다는 것은 대체할 수 없음을 말하는 것이죠. 바로 이와 같은 특이성이 다른 사람을 태어나게 함으로써 어떤 인간의 선호를 대체할 수 없는 이유가 되는 것입니다.

채식이   어느 정도 이해는 가요. 그런데 뭔가 약간 논리를 위한 논리라는 생각이 드는데요?

그렇게 생각할 수도 있어요. 어찌되었건 앞서 언급한 바와 같이 동물 윤리에서 죽임의 문제는 가장 해결하기 어려운 난제 중 하나입니다. 중요한 것은 지금까지 설명한 것은 어떤 이상적인 환경 속에서 살아가는 동물이 고통 없이 죽음을 맞이할 경우에 국한된 이야기지, 현재와 같이 공장식 사육이 이루어지는 상황에서의 죽임은 어떤 경우에도 정당화될 수 없습니다. 소와 돼지는 어느 정도 과거와 미래를 가지는, 합리적이면서 자의식적인 존재이고, 고통 속에 살고 있으며, 그들이 죽고 나서 새로 태어나는 동물도 고통 속에서 살아가지 그들이 선호하는 삶을 살아갈 수 있는 것은 전혀 아니기 때문입

동물 윤리에서 죽임의 문제는 가장 해결하기 어려운 난제예요.

환경

이것도 이상적인 환경 속에서 살아가는 동물이 고통 없이 죽음을 맞이한 경우의 얘기지...

내가 바로 고기

지금처럼 공장식 사육이 이뤄지는 상황에서의 죽임은 어떤 경우에도 정당화될 수 없어요.

어떤 동물이 죽고 나서 새로 태어나는 동물도 여전히 고통 속에 살게 되잖아요.

현실 속에선 육식을 정당화할 논리가 없네요...

니다.

채식이   네, 현실 속에서는 육식을 정당화할 수 있는 논리가 설 자리가 없음을 받아들여야겠네요. 긴 시간 동안 상세히 알려주셔서 감사합니다!

채식 옹호
논리에 대한
비판과 이에
대한 대응

with
김 교수

4

활동가님에게 고기가 되는 동물이 살아가고 있는 모습에 대해, 그리고 죽임의 문제에 대해 이야기 잘 들었나요? 이번에는 제가 채식에 대해 부정적인 생각을 갖는 사람의 이런저런 주장에 대해 윤리적 채식주의자들이 어떻게 대응 방안을 마련하고 있는지를 설명해보도록 할게요. 먼저 공리주의자의 입장에서는 고통이 중요하니 고통에 관한 논의를 살펴보도록 하겠습니다. 이 문제와 관련해서는 (1)동물이 고통을 느끼는 것을 어떻게 아는가? (2)식물도 고통을 느끼지 않는가? (3)고통의 비교가 불가능하지 않는가? 라는 의문을 제기할 수 있습니다. 다음으로 생태와 관련해서는 (1)동물은 서로 잡아먹는데 우리는 왜 잡아먹지 못하는가? (2)약육강식이 당연하지 않은가? 라는 의문을 제기할 수 있을 듯해요. 세 번째로 인간과 동물의 차이가 동물에 대한 차별을 정당화할 수 있지 않은지에 대한 의문을 제기할 수 있는데요. 이에 대한 반론 또한 확인해보도록 하겠습니다. 마지막으로 채식을 하는 것이 논리적·윤리적으로 정당하다고 볼 수 있음에도 사람들이 왜 채식으로 전환을 꺼리는지를 정리해볼게요.

 네, 교수님!

고통에 관한 의문

동물이 고통을 느끼는 것을 어떻게 알까?

교수님, 동물이 실제로 고통을 느낄까요? 그걸 어떻게 알죠?

혹시 채식이 집에서 반려동물 키우나요?

채식이   네, 저희 집에서 개를 키우고 있어요.

그렇다면 개가 고통을 느낄 수 있다는 것을 잘 알 텐데요?

채식이   …하긴 그러네요. 저희 집 바둑이도 자기가 아플 때

는 신음소리를 내거나 깨갱거리곤 하죠. 잘못했을 때 혼내주려 하면 도망치기도 하고요. 그런 모습이 우리와 닮아있다고 느낄 때가 간혹 있어요.

그렇죠? 실제로 우리는 행동이나 표정상의 변화를 통해 동물이 고통을 느낀다는 것을 미루어 짐작할 수 있습니다. 만약 이와 같은 변화가 일어나도 내가 그들의 고통을 직접 경험하는 것이 아닌데 어떻게 그들이 고통을 느낀다고 이야기할 수 있느냐고 묻는다면, 저는 이렇게 말해주고 싶어요. 만약 동물이 행동이나 표정상의 변화를 일으켰음에도 그들이 그 상황에서 고통을 느끼는지 알 수 없다고 한다면 인간 또한 마찬가지가 아니겠냐고. 실제로 인간이 느끼는 것을 달리 표현할 수 있는 능력이 있음을 감안한다면 인간의 표정이나 행동은 더 고통의 지표가 될 수 없다고 말해야만 할 거예요. 동물과는 달리 인간은 거짓말을 할 수 있는 능력이 있잖아요? 이성 친구가 가볍게 때렸을 때 아프지도 않으면서 아픈 척하는 경우처럼 말입니다. 반면 동물은 거짓말을 할 수 있는 능력을 갖추고 있지 않기 때문에 그들의 행동이나 표정상의 변화는 고통을 느끼는 지표로 사용할 수 있을 겁니다.

채식이   그러네요. 우리 바둑이가 아프지도 않으면서 고함을 지르는 경우는 없었던 것 같고, 아플 땐 평소와 달리 조용히, 보이지 않는 곳에서 불러도 잠시 꼬리만 살랑거리다 다시 축 늘어져 있곤 했어요.

그런데 '나는 생각한다. 고로 존재한다'라는 말로 유명한 17세기의 철학자 르네 데카르트는 동물들의 그와 같은 변화가 실제 고통의 발로가 아니라 자동인형 내지 움직이는 기계의 반응이라 생각했어요. 물론 그 당시 이루어졌던 생체 해부를 철학적으로 뒷받침해야 하는 사정, 인간과 동물이 확연하게 구분됨을 보여줘야 하는 시대적인 사명이 있었다고 볼 수 있을지 모르지만 현대를 살아가는 우리로서는 납득하기 힘들죠. 사실 행동이나 표정상의 변화가 고통의 징표가 된다는 것은 거의 상식에 해당한다고 봄이 옳을 겁니다.

채식이   맞아요. 만약 제가 바둑이를 때리면서 "얘는 정말로 아픈 게 아니야. 이건 자동 인형의 반응이야"라고 생각한다면 그건 제 행동을 정당화하기 위한 궤변이라고밖에 생각할 수 없을 것 같아요.

정확히 동일하지는 않겠지만 우리가 어떤 상황에서 고통을 느낀다면 동물 또한 고통을 느낍니다. 예를 들어 그들이 암에 걸린 경우 그들 또한 우리와 마찬가지로 고통을 느끼고, 뒤로 돌아볼 수도 없는 좁은 공간에 수용했을 때, 그들 또한 우리와 다를 바 없이 극도의 불편함을 느낍니다. 이는 행동이나 표정에서 드러나죠.

채식이　　알겠습니다, 교수님. 그런데 행동이나 표정만이 고통을 느낄 수 있는지의 여부를 판단하는 기준이라 하기엔 왠지 조금 부족한 것 같은데…. 뭔가 다른 기준은 없을까요?

있지요. 동물이 고통을 느낄 때에는 인간과 다를 바 없이 신경 생리학적 변화가 일어납니다. 예를 들어 동물이 두려움을 느끼는 경우 동공이 커지고, 심장 박동이 빨라지며, 호르몬 수치상의 변화가 일어나는 등 이런저런 변화가 일어납니다. 이러한 반응이 인간에게 일어날 경우 우리는 그 반응을 두려움에 따른 반응이라고 판단합니다. 그런데 이와 같은 동일한 반응이 인간이 아닌 다른 동물에게서 일어난다고 이것이 두려움에 따른 반응이 아니라고 할 수는 없겠죠.

채식이   음, 그렇겠네요.

그런데 이러한 유사성은 동물 실험에 시사하는 바가 있습니다. 만약 동물과 인간이 완전히 다른 신경 생리학적 반응을 나타낸다면 우리는 그들을 대상으로 실험을 할 필요가 없을 겁니다. 그들이 장난삼아 실험을 해볼 대상이 아닌 이상 인간과 완전히 다른데 그들을 대상으로 실험을 해볼 필요는 전혀 없는 거죠. 거꾸로 그들이 인간과 유사한 존재라고 한다면 우리는 그들을 실험 대상으로 삼으면 안 됩니다. 그들이 인간과 유사한데, 유사한 존재를 함부로 실험해서는 안 되는 것이죠.

채식이   에구구…. 다르면 다른 대로, 비슷하면 비슷한 대로 동물 실험이 이루어지면 안 될 것 같네요.

그렇습니다. 그리고 과학자들은 고통을 느낄 수 있는 능력이 있는지의 유무를 중추신경계(뇌와 척수로 구성)가 있는지의 여부로 판단하는데요. 소와 말, 개 등이 포함된 포유류, 오리, 참새 등이 포함된 조류, 뱀과 악어 등이 속한 파충류, 개구리, 도롱뇽 등이 속한 양서류, 상어, 참치 등이 속한 어류는 중추신경계를 가진 것으로 알려져 있습니다. 이들은 다소 차이는 있지만 고통을 느낄 수 있는 능력을 갖춘 존재들이죠.

그 말씀은 그 외의 다른 동물은 고통을 느낄 수 없다는 것인가요?

그렇다고 이야기할 수 있지만 확실한 것은 아닙니다. 왜냐하면 중추신경계라는 기준이 고통을 느낄 수 있음을 입증하는 필요충분한 조건이 아니기 때문이죠. 우리가 알지 못하는 다른 기준이 있을 수 있는데, 예를 들어 우리가 잡으려 할 때 피해 도망가는 어떤 생물이 있다고 했을 때 그 생물이 고통을 느낄 수 있는 능력을 갖추었다고 말할 수 있는 여지가 있습니다. 설령 그 생물이 중추신경계를 가지고 있지 않아도요. 그래서 게나 가재와 같은 갑각류, 매미나 메뚜기 같은 곤충도 고통을 느끼지 않는다고 확실하게 말할 수는 없습니다. 따라서 우리가 편한 마음으로 이들을 죽이거나 잡아먹을 수는 없습니다. 혹시라도 고통을 느낄 가능성이 있다면 그걸 감안해야 하죠. 그럼에도 만약 우리가 소나 돼지 등의 포유류와 곤충이나 갑각류 중에서 선택해서 먹어야 할 수밖에 없는 상황이라면 우리는 곤충이나 갑각류를 선택해서 먹어야 할 것입니다. 왜냐하면 이들이 상대적으로 고통을 느낄 가능성이 적다고 볼 수 있기 때문이죠.

채식이   아! 그렇다면 고통을 얼마만큼 잘 느낄 수 있는지에 따라 생명의 소중함에서도 다소 차이가 있다고 봐야 하는 것일까요?

만약 다른 주변 상황 등을 고려하지 않고 오직 특정 개체에만 국한해 본다면 그렇게 볼 수 있겠죠?

채식이   잘 알겠습니다. 적어도 우리가 즐겨 먹는 포유류와 조류가 고통을 받는다는 것만큼은 거부하기가 어려울 것 같네요. 네, 그들이 고통을 느낄 수 있음을 인정하겠습니다.

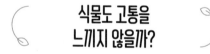

식물도 고통을 느끼지 않을까?

채식이   그런데 교수님! 혹시 식물도 고통을 느끼지 않을까요? 만약 그렇다면 우리가 무엇인가를 먹는 걸 아예 포기해야 하는 건 아닐까요? 그런데 우리가 굶어 죽을 수는 없는 거잖아요? 그리고 식물도 고통을 느끼고 동물도 고통을 느낀다면 어떤 쪽을 선택해서 먹어도 되는 것은 아닐까요? 어차피 고통을 느낄 수 있는 존재에게 피해를 줄 수밖에 없다면 어느 쪽에게 주건 상관없는 게 아닐까요?

하하하! 채식이가 여전히 고기에 대한 유혹을 떨쳐버리기 힘든 모양이네요. 사실 채식이와 같은 질문을 하는 사람이 참 많아요. 그런데 식물이 고통을 느끼는 것을 어떻게 알 수 있을까요?

채식이 제가 인터넷 검색으로 찾아봤더니 식물이 동물에게 먹히기 전에 다른 식물에게 신호를 보내서 위험을 알린다고 하더라고요. 또 두 양파를 두고 한쪽 양파에게는 예뻐하면서 부드러운 말을, 다른 쪽 양파에게는 욕을 퍼부었더니 욕을 들은 양파가 제대로 성장하지 못했다고 하기도 하고요. 이런 것은 식물이 사실상 고통을 느낀다는 증거가 아닐까요?

제가 인터넷 검색으로 찾아봤더니 식물이 동물에게 먹히기 전에 다른 식물에게 신호를 보내 위험을 알린다고 하더라고요!

한쪽 양파에게는 예뻐하면서 부드러운 말을~

다른 쪽 양파에게는 욕을 퍼부었더니...

＃※@＃~

욕을 들은 양파가 제대로 성장하지 못했다고 하기도 하고요.

식물이 사실상 고통을 느낀다는 증거?

글쎄요. 물론 우리가 앞에서 살펴보았던 세 가지 기준이 결정적인 기준이라 할 수 없어도 적어도 그것들을 고통을 느낄 수 있는지를 평가하는 기준으로 활용할 수 있을 것 같은데요. 일단 그 기준부터 적용해볼까요?

채식이   네.

먼저 행동이나 표정상의 변화가 일어나는지 확인해볼까요? 채식이가 한번 저기 보이는 나무를 걷어차보세요. 그랬을 때 나무에게서 행동이나 표정상의 변화를 감지할 수 있나요?

채식이   아니요.

만약 그렇다면 식물은 첫 번째 기준을 통과하지 못하고 있네요. 물론 여타의 변화가 일어나는지 모르겠지만 적어도 우리가 기준으로 언급했던 행동이나 표정상의 변화는 일어나지 않습니다.

채식이   그렇긴 하네요.

그럼 다음 기준으로 넘어가볼까요? 식물이 고통을 느낄 때 신경 생리학적 변화가 일어날까요? 하긴 이러한 변화 자체를 이야기하는 것이 무의미하긴 하죠. 식물과 동물의 조직은 근본적으로 다른 시스템이니까요. 만약 식물과 동물이 유사하다면 과학자는 인간에 활용할 목적으로 식물 실험을 할 수도 있을 겁니다. 그런데 이와 같은 실험을 하지 않는 건 적어도 그들이 인간과는 상당히 다른 존재라는 것을 뜻하는 게 아닐까요? 그리고 신경 생리학적 변화에 대한 논의 자체가 의미가 없다면 그들이 적어도 이러한 기준을 적용해보았을 때 고통을 느낀다고 말할 수가 없을 겁니다.

채식이 아, 교수님은 "동물이 고통을 느끼는 것을 어떻게 아는가?"라는 질문에 대한 답변으로 제시했던 기준을 적용하고 계시는군요.

네, 맞아요. 아까도 이야기했지만 이와 같은 기준 외의 다른 기준도 있을 수 있지만, 그 어떤 기준을 적용해봐도 명확하게 식물이 고통을 느낀다고 이야기할 수 있는 기준은 현재로서는 없는 듯합니다. 게다가 식물에게는 중추신경계가 없음을 감안한다면 현재로서는 식물이 고통을 느낀다고 이야기하긴 어려울 것 같아요.

채식이　그럼에도 앞에서 이야기한 양파 이야기나 신호 전달 이야기는 식물이 고통을 느낀다는 증거가 아닐까요?

저도 과학자가 아닌지라 단칼에 '아니요'라고 말은 못합니다. 하지만 설령 식물이 고통을 느낄 수 있다고 해도 동물이 느끼는 바에 비할 수 없을 정도로 적게 느끼는 데 머물지 않을까요? 예를 들어 동물이 1,000의 고통을 느낄 수 있다면 식물은 기껏해야 1 정도의 고통을 느낄 수 있는 것 아닐까요? 그리고 우리가 생존을 위해 어쩔 수 없이 고통을 야기할 수밖에 없다면 우리는 상대적으로 고통이 덜 야기되는 선택을 해야 할 것입니다. 이런 기준으로 보자면 우리는 여전히 동물이 아닌 식물을 선택해서 먹어야 할 것입니다.

채식이　그러니까 고통을 불가피하게 야기할 수밖에 없다면 상대적으로 고통을 덜 야기하는 선택을 하는 것이 좋다는 말씀이시군요.

네, 맞습니다. 공리주의에서 이야기하는 최대다수의 최대행복은 1보다는 10, 10보다는 100의 행복을 야기하는 것이 더 좋음을 말하고 있으면서 100보다는 10, 10보다는 1의 고통을 야기하는 것이 상대적으로 나은 선택임을 이야기하고 있기도 하죠.

채식이　쩝! 할 말이 없네요….

모두는 아니겠지만 동물과 식물이 모두 고통을 느낀다고 이야기하는 사람들 중에는 양자가 모두 고통을 느끼니 어떤 쪽을 먹어도 상관없지 않냐고 말하고 싶은 사람이 꽤 있습니다. 하지만 방금 이야기한 바로 정리해보면 설령 양쪽 모두가 고통을 느낄 수 있는 능력을 갖추고 있다고 해도, 우리는 여전히 선택을 해야 합니다. 좀 더 상세하게 구분해서 더 나은 도덕적 선택을 해야 하는 것이죠.

채식이　그런데 이런 생각이 혹시 식물보다 동물을 우선적으로 배려하려는 일종의 종차별은 아닐까요?

그렇지 않습니다. 종차별이란 우리가 특별한 이유 없이 단지 특정 종에 속해 있다는 이유로 특정 개체를 차별하는 것을 말하는데, 제가 동물을 먹지 말고 식물을 먹으라고 이야기하는 것은 동물이 고통을 느낄 수 있음에 반해 식물은 그렇지 않거나 거의 느끼지 않기 때문입니다. 이러한 기준은 공리주의의 기준을 적용한 것이기 때문에 임의적인 판단이 아닙니다. 두 가지 예를 들어볼게요. 고통을 확인할 수 있는 어떤 장비가 발명되었는데, 이를 이용해 확인을 해보았더니 식물이 동물에 비해 더 고통을 느낄 수 있음이 밝혀졌습니다. 그리고 이러한 발명품은 의심의 여지가 없는 증거를 제공하는 장비입니다. 이 경우 우리는 식물보다는 동물을 선택해서 먹어야 할 것입니다. 이 경우마저도 우리가 식물을 선택해서 먹는다면 이는 그야말로 종차별이 되는 것이죠. 다음으로 어떤 식물을 발견했는데 이 식물이 포유류 정도의 지능이 있고 고통을 느낄 수 있음이 알려졌습니다. 이 경우 우리는 이 식물이 식물 종에 속해 있다고 해서 함부로 대해서는 안 되고, 먹어서도 안 됩니다. 그렇게 할 경우 이는 말할 것도 없이 종차별이죠. 이처럼 고통을 기준으로 배려 여부를 따지는 것은 종차별이라 할 수 없습니다. 다만 지구상에 존재하는 어떤 식물도 공리주의적 배려 기준을 통과하지 못하고, 때문에 일반화해서 채식을 해야 한다고 하는 것이지 식물을 아무 이유 없이 차별하는 귀결로 채식을 해야 한다고 말하는 것은 전혀 아닙니다.

채식이   그럼에도 우리가 식물을 아무렇게나 대해선 안 되겠군요. 식물이 조금이라도 고통 받을 가능성이 있다고 한다면요.

이야기를 열심히 들었네요, 맞습니다. 식물이 고통을 느낄 가능성을 완전히 배제할 수 없다면 우리는 꼭 필요한 경우가 아니라면 식물을 함부로 대해선 안 됩니다. 특히 식물이 지구에 미치는 긍정적인 영향을 고려한다면 그래서는 안 되는 것이죠.

채식이   알겠습니다. 그런데 끝끝내 지금까지의 이야기를 받아들이지 않으려 하는 사람이 있다고 하면 어떻게 이야기해주어야 할까요?

글쎄요. 저는 다시 한 번 대통령 선거의 예를 말씀드리고 싶어요. 대통령 선거에 김성한과 살인마, 그리고 성폭력범과 강도가 후보로 나왔다고 가정해보죠. 이 경우 100점 만점에 100점인 사람은 단 한 명도 없습니다. 그럼에도 김성한이 40점, 살인마 10점, 성폭력범과 강도가 각각 35점을 받았다고 했을 때 우리는 김성한이 이상과는 거리가 멀다고 하더라도 김성한을 뽑아야 합니다. 마찬가지로 식물과 동물의 고통을 비교하는 입장인 (1)식물<동물, (2)식물>동물, (3)식물=동물, (4)모르겠다 이렇게 네 가지 중 하나를 선택해야 한다면 현재의 과학의 입장을 감안한다면 (1)을 선택해야 할 겁니다. 물론 다른 가능성이 없는 건 아닙니다. 그럼에도 '현재'의 상황에서 가장 합리적인 선택지는 (1)입니다. 이렇게 본다면 잘못된 선택을 할 가능성도 있지만 (1)을 선택하는 것은 전혀 나쁜 선택이 아닙니다. 거꾸로 가장 나은 선택이죠. 다른 가능성이 열려 있다고 해서 다른 선택을 하는 것은 그야말로 임의적인 선택이라 할 수 있을 겁니다.

채식이　하하. 더 이상 논의의 여지를 두지 않으시네요. 잘 알겠습니다. 그런데 교수님! 교수님 점수가 성폭력범이나 강도하고 별로 차이가 나지 않으시네요?

네? 하하.

고통의 비교가
가능할까?

채식이　교수님! 이번에는 조금 다른 질문을 해보도록 할게요. 공리주의에서는 고통이나 행복을 중요시한다고 하셨잖아요? 그리고 앞에서 공리주의에 대한 설명을 들을 때 고통의 양을 측정할 수 있음을 전제했던 것 같은데, 실제로 고통의 양을 측정할 수 있나요? 예를 들어 누가 더 힘들게 군 생활을 했는지에 대해 서로 논쟁 아닌 논쟁을 벌이는 경우가 있는데, 이 상황에서 정답은 없잖아요? 지금 이 강의도 어떤 사람은 매우 흥미롭다고 생각할 수 있지만, 또 다른 사람은 아주 지겹다고 판단할 수 있는데, 이처럼 동일한 사태에 대해서도 사람마다 느끼는 바가 다를 수 있음을 감안한다면 고통을 객관적으로 측정하기가 불가능한 것은 아닐까요? 그리고 이처럼 고통의 양에 대한 측정이 불가능하다면 우리가 육식을 하지 못함으로써 느끼는 고통과 동물이 도축을 당하면서 느끼는 고통을 비교하는 것은 무의미한 것 아닐까요?

와! 질문이 상당히 날카로운데요? 지금 채식이가 한 질문은 공리주의에 제기되는 비판 중 대표적인 것 중의 하나입니다. 실제로 고통은 우리 몸이나 마음에서 나타나는 현상으로, 객관적인 측정이 불가능할지도 모릅니다. 그럼에도 너무나도 명백하게 비교할 수 있는 경우가 있는데, 가축이 평생 살아가면서 느끼는 고통과 사람이 육식을 하지 못해서 느끼는 고통은 분명 비교가 가능합니다. 물론 가축이 살아가는 모습을 잘 모를 경우에는 우리가 고기를 먹지 못함으로써 느끼는 고통이 더 크다고 할지 모르겠습니다. 하지만 그들이 살아가는 모습을 제대로 확인한다면 양자의 고통을 비교할 수 없다고 말할 수 있는 사람은 거의 없을 것 같습니다. 고기에 대한 욕구가 너무나도 강하여 애써 현실을 외면하려 하는 사람이 아니라면 말이죠.

채식이   활동가님에게 충분히 이야기를 들었습니다만….

가령 갓 태어난 송아지는 태어난 지 얼마 있지 않아 어미 소와 격리되어 홀로 좁은 우리에 감금된 채 평생을 살아갑니다. 어떤 경우에는 평생 밖으로 나가보지도 못하고 살아가는 경우도 있죠. 이 우리는 몸을 돌려 간지러운 부위를 긁을 수 없을 정도로 매우 협소합니다. 이렇게 협소한 곳에 수용되어 소는 평생 살을 찌우는 데에만 초점이 맞춰져 사육됩니다. 이로 인한 부작용은 필연적이고, 그리하여 이들도 인간과 다를 바 없이 성인병에 걸리기도 하고, 밀집식 사육으로 인한 전염병 등의 가능성으로 계속 주사를 맞기도 하죠. 운동은 생각할 수도 없습니다. 운동을 하면 고기의 양이 줄고, 고기가 질겨지기 때문이죠. 그들이 평생 서서 지내야 하는 바닥 또한 소가 좀처럼 적응하기 어려운 콘크리트나 쇠창살로 이루어져 있는데요. 이런 바닥 위에서 소가 사육되는 것은 소를 위한 것이 아니라 인간이 청소를 쉽게 하기 위함입니다. 이는 소에게 상당한 불편을 안겨주죠. 만약 소가 수컷일 경우 생후 6개월이 되면 거세를 당합니다. 수소의 호르몬이 근육을 발달시키고, 이로 인해 고기가 질겨져 사람이 사 먹지 않기 때문인데요. 이러한 소는 생후 30개월이 되면 고기가 됩니다. 이는 사람의 나이로 따지면 10대에 불과한 나이죠. 이처럼 짧은 시간 동안 현세에서의 삶을 살아가면서 소는 고통으로 점철된 삶을 살다가 우리 식탁

교수님! 가축이 그렇게 많은 고통을 느끼며 살아가나요?

소의 일생을 얘기해볼까요?

갓 태어난 송아지는 태어난 지 얼마 지나지 않아 어미 소와 격리되어 좁은 우리에 감금된 채 평생을 살아갑니다.

음매~

우리는 매우 협소하고, 평생 서서 지내야 하는 바닥 또한 소가 적응하기 어려운 콘크리트나 쇠창살로 되어 있죠.

인간이 청소를 쉽게 하기 위해서요.

이런 곳에서 소는 평생을 살을 찌우는 데 초점이 맞춰져 고통스런 삶을 살다 식탁 위에 올라오게 됩니다.

아...

과연 인간이 육식을 하지 못해 느끼는 고통이 소가 평생을 살아가며 느끼는 고통보다 크다고 말할 수 있을까요?

···

위에 고기가 되어 올라옵니다. 이러한 삶을 우리가 육식을 하지 못함으로써 느낄 수 있는 고통과 비교할 수 없다고 이야기하는 것은 조금….

채식이   솔직히 그렇게 생각하고 싶었던 제가 조금 창피해지네요. 그런데 교수님! 만약 이와 같은 설명에도 자신의 고통이 더 크다고 이야기하는 사람이 있다면 어떻게 말해줘야 할까요? 그냥 꿀밤을 때리면서 말 못 하게 할 수 있는 것도 아니잖아요?

그렇죠. 저는 일단 입장을 바꾸어 생각해보라는 요구를 해보면 어떨까 싶어요. 그러니까 당신이 소의 입장이 된다면 고통을 비교할 수 없다고 이야기할 것 같냐고 물어보는 거죠. 만약 제가 소의 입장이 된다면 저는 고통을 비교할 수 없다고 이야기할 수 없을 것 같아요. 평생 동안 느끼는 고통, 그리고 짧은 삶…. 물론 소가 되면 내가 얼마 살지 못하고 죽게 됨을 의식하지 못하겠죠. 그럼에도 순간순간 느낄 고통을 생각한다면 저는 고통이 분명 비교가능하다고 말할 것 같습니다.

채식이 일종의 사유 실험을 해보면 비교할 수 있다고 말할 것이라는 거네요.

네, 약간 다른 맥락이지만 우리가 고기를 먹을 것인가를 놓고 사람들이 합의하는 상황도 가정해볼 수 있을 것 같아요. 미국 철학자 존 롤스가 말하는 원초적 입장에서 계약을 맺으려는 상황과 유사한데요. 여기서도 우리가 합리적 이기주의자라는 것 외에 자신의 상황을 아무것도 모르는 무지의 베일(veil of ignorance)의 상황을 전제해볼 수 있을 것 같습니다. 그러니까 내가 미국에서 태어날지, 아프리카에서 태어날지, 팔다리가 없는 채 태어날지, 빌 게이츠의 아들로 태어날지 전혀 모르는 상황에 놓여 있다는 것이죠. 심지어 내가 인간으로 태어나게 될지, 가축으로 태어나게 될지도 알지 못하는 상황이라고 가정해봅시다. 이러한 상황에서 "고기를 먹을까요? 말까요?"가 안건으로 나왔다면 여러분은 어떤 결정을 내릴 것 같습니까?

채식이 음, 아마도 먹지 말자고 할 것 같아요. 내가 운이 없게 가축으로 태어나 평생 고통을 받게 될 것이 두려워서라도 그렇게 말할 것 같네요.

아마도 그렇겠지요? 가상의 상황을 상정하는 것은 최대한 자신의 이익을 떠나 객관적으로 판단을 해보기 위함입니다. 만약 이와 같이 사유 실험을 통해 어떤 판단을 내렸다면 우리는 그러한 판단을 자신이 처해 있는 상황과 무관하게 받아들여야 합니다. 그것이 객관성을 가진 판단이니까요. 그런데 자신이 처한 상황을 알고 있다고 해서 갑자기 말을 바꾸면서 고기를 먹어도 된다고 말한다면 상황에 따라 자신의 이익에 맞추어 여기에 붙었다 저기에 붙었다 하는 격이라 할 수 있습니다. 만약 공평무사한 태도를 취하려 하면서 어떤 판단을 받아들인다면 우리는 이를 자신이 처한 입장과 무관하게 받아들이려 노력해야 하죠.

채식이   많이 찔리는데요. 고기 문제뿐만이 아니라 살아가면서 접하는 수많은 문제에서 내가 내 이익이나 욕구를 충족시키기 위해 자기 합리화를 하는 경우가 얼마나 많은지요. 역지사지, 무지의 베일을 상정해보는 것은 내가 공평한 태도를 견지하기 위해 반드시 필요한 자세네요. 반드시 기억하고 따라야 할 기준인 것 같습니다. 적어도 제가 올바른 삶을 살고자 한다면요.

멋진데요? 많은 경우 고기 문제를 이야기하면서 이런 이야기를 하면 고기 문제에만 초점을 맞추는 편인데, 우리가 올바르게 살아가기 위한 지침으로 생각하려 하기까지 하다니요? 이야기를 하면서 기분이 좋아지네요. 마지막으로 한 가지만 더 추가한다면 우리는 흔히 가해자와 피해자가 있다고 했을 때 가해자가 겪을 고통을 염두에 두지 않습니다. 예를 들어 성폭력을 행사하려는 사람이 내가 성폭력을 행사하지 못할 경우 고통을 겪을 것이고, 이러한 고통을 없애기 위해 성폭력을 가해야 한다고 말할 경우 채식이는 어떤 생각이 들 것 같습니까?

채식이　　제 정신이 아니라는 생각을 할 것 같습니다.

그렇죠? 이러한 상황에서 우리는 오직 피해자의 입장만을 고려하지 가해자가 범죄를 저지르지 못할 경우 겪을 고통을 고려하지 않으며 고려해서도 안 됩니다. 그런데 이처럼 가해자의 고통을 염두에 두지 않는 것이 적절한 시각이라면 우리가 즐겨 먹는 동물과 인간 관계에서도 동일한 논리를 적용해볼 수 있습니다. 양자 사이에서 가해자는 누구이고 피해자는 누구일까요?

채식이   음…, 가해자는 인간이고, 피해자는 동물일 것 같네요.

만약 그렇다면 고통의 비교가 불가능하다고 말하면서 인간이 육식을 하지 못하면서 느끼는 고통이 동물이 평생을 살아가며 느끼는 고통보다 클 수 있다고 말하는 것은 지나치게 인간 중심적인 생각이라 할 수 있을 겁니다. 한쪽은 생명이 없어지고, 한쪽은 식욕을 만족시키지 못하는데, 그것도 식욕을 만족시키지 못하는 것은 가해자 쪽인데, 어떻게 식욕이 더 중요하다고 생각할 수 있을까요?

채식이   지금까지 의식하지 못하고 살아왔는데 스스로가 뻔뻔하다는 생각이 드네요…. 잘 알겠습니다. 더 많은 생각을 해보도록 할게요.

그래요. 이야기 듣느라 수고했습니다.

채식이   감사합니다!

생태와 관련한 질문

 동물은 서로 잡아먹는데
우리는 왜?

교수님, 이번에는 조금 다른 질문을 드려 보도록 하겠습니다. 야생동물을 다루는 다큐멘터리를 보면 육식동물이 다른 동물을 잡아먹는 장면을 흔히 볼 수 있습니다. 그런데 문득 그런 생각이 들더군요. "아니? 쟤네들도 저렇게 서로 잡아먹는데 왜 우리는 동물을 잡아먹을 수 없는 거지?" 교수님은 이에 대해 어떻게 생각하세요?

저도 동물이 나오는 다큐멘터리를 즐겨 보는데, 정말 그런 장면이 많이 나오죠. 그런데 동물이 서로 잡아먹는 경우와 인간이 동물을 잡아먹는 경우는 뚜렷한 차이가 있습니다. 먼저 육식동물은 다른 동물을 잡아먹지 않으면 생존이 불가능합니다. 예를 들어 지금 진행 중인 이야기를 듣고자 사자가 자리를 함께했고, 사자가 이야기를 들어본 결과 더 이상 다른 동물을 잡아먹어선 안 된다는 판단을 했다고 가정해봅시다. 그러고선 채식을 시작했다고 생각해보자고요. 이 경우 사자의 결정이 갸륵하긴 하지만 며칠 지나지 않아 사자는 굶어 죽고 맙니다. 왜냐하면 육식동물인 사자는 식물을 에너지원으로 전환할 수 있는 육체 기능을 갖추고 있지 못하기 때문이죠.

채식이   아, 그렇군요. 그러니까 육식동물은 채식을 하면서 살아갈 수가 없는 거군요.

맞습니다. 그런데 인간은 상황이 달라요. 인간은 굳이 육식을 하지 않아도 살아갈 수 있는 잡식성 동물입니다. 채식만 하면서도 얼마든지 살아갈 수 있죠. 이런 면에서 인간과 동물의 육식은 차이가 있습니다.

채식이   이런 반론 외에 다른 것은 없나요?

저는 평상시에는 동물을 비하하다가 막상 고기가 먹고 싶으니까 동물을 본받겠다고 이야기하는 것이 기회주의적 태도라고 생각합니다.

채식이　무슨 말씀이신지요?

우리가 평소에 동물을 좋아하기도 하지만 그럼에도 인간보다 못한 존재로 여기고 동물을 비하하잖아요. 그래서 욕을 할 때에도 개─, 돼지 같은 ─, 곰 같은 ─ 등의 표현을 씁니다. 그런데 막상 고기가 먹고 싶으니 느닷없이 동물의 모습을 따르겠다고 생각하는 것은 자신의 편의에 따라 여기에 붙었다 저기에 붙었다 하는 기회주의적 태도를 보이는 것이라 할 수 있죠. 존중을 한다면 일관성 있게 존중을, 비하하려면 끝끝내 비하를 해야 하는 것이지, 자신의 상황에 따라 이리저리 오가는 것은 바람직한 태도가 아니라 할 수 있어요.

채식이　그런 말씀을 하시니 반성이 되네요. 굳이 고기 문제가 아니라고 해도 살아가면서 내가 하고 싶은 것이 있을 때 자기변명을 할 때가 많은 것 같고, 일관적인 태도를 염두에 두지 못한 경우도 적지 않은 것 같습니다. 나 자신도 이처럼 상황에 따라 자신이 하는 것은 정당화하면서, 다른 사람은 잘못하고 있다고 여기는 경우가 많은 것 같아요.

저도 그런 경우가 꽤 많아요. 그럼에도 우리가 이를 의식하고 조심을 하려 하는 경우와 아예 의식하지 못하는 경우는 적지 않은 차이가 있는 것 같은데요. 반성적 사유를 동원해 이를 의식하고 막으려 하는 경우는 '상대적으로' 잘못을 덜 범할 것입니다. 반면 무엇을 잘못하고 있는지를 몰랐을 경우엔 잘못을 반복하겠죠? 저를 포함해 사람들이 반성 능력을 이용해 자신의 생각을 되돌아볼 수 있으면 좋겠습니다.

채식이　　"검토되지 않은 삶은 살 가치가 없다"는 소크라테스의 말이 생각나네요. 흥미롭네요. 저는 채식에 대한 강의라고 해서 채식만을 생각하고 있었는데, 우리 사유에 대한 근본적인 반성까지 할 줄은 정말 몰랐습니다.

나중에 재차 이야기할 기회가 있겠지만 저는 채식 문제를 윤리적 측면에서 다루는 것이 갖는 강력한 장점 중에 하나가 바로 자신의 생각을 전반적으로 반성할 수 있게 된다는 점에 있다고 생각합니다. 가령 동물 문제는 동물을 어떻게 처우해야 하는가의 문제에 국한되지 않고, 인간 사이의 문제에 대해서도 시사하는 바가 매우 많습니다. 소위 사회적 약자를 어떻게 처우해야 하는지에 대해서도 많은 생각을 하게 만든다는 것이죠.

채식이　좋은 말씀이십니다. 채식 문제가 새롭게 보이네요. 그런데 교수님, 침팬지는 잡식성 동물인데 다큐멘터리를 보면 다른 동물들을 잡아먹기도 하더라고요. 침팬지의 행동에 대해서는 어떻게 판단을 해야 하나요?

이런! 제가 약간 다른 곳으로 흘렀네요. 계속해서 이야기를 이어가죠. "동물은 서로 잡아먹는데 우리는 왜?"라는 질문에 대해 마지막으로 언급해야 할 것은 "반성 능력이 없는 존재의 행동에 대해서는 도덕적인 책임을 묻지 않는다"는 것입니다. 그들의 행동은 우리와 달라요. 예를 들어 아기가 우연히 자기 옆에 있는 권총의 방아쇠를 잡아당겨 누군가를 죽음에 이르게 했다고 했을 때 우리는 그 아기에게 도덕적 책임을 묻지 않습니다. 그 이유는 아기가 자신의 행동을 반성할 수 있는 능력이 없기 때문이죠. 마찬가지로 침팬지 또한 사유 능력을 어느 정도 갖추고 있다고 말하지만 그들이 자신의 행동을 반성 능력을 이용해 윤리적으로 판단할 수 있는 것은 아닙니다. 이렇게 보자면 우리가 침팬지의 육식에 대해 도덕적인 책임을 물을 수는 없습니다.

채식이   그러니까 도덕적 책임을 물을 수 있는 대상은 정상적인 사유 능력이 있는 성인들 정도가 되겠네요.

그렇게 볼 수 있겠죠? 우리는 정상적인 성인의 행동에 대해서는 도덕적 책임을 묻지만 반성적 사유 능력이 없는, 도덕적 행위 능력을 갖추지 못한 대상에 대해서는 도덕적 책임을 묻지 않습니다. 바로 이와 같은 이유로 동물이 서로 잡아먹는 것은 불가피하지만 인간이 동물을 잡아먹는 것은 도덕적으로 문제가 있다고 볼 수 있는 것이죠. 인간이 동물을 잡아먹는 것과 동물이 서로 잡아먹는 것은 달리 봐야 하는 것입니다.

채식이   저는 채식주의자가 채식을 이야기하는 것이 그저 동물이 불쌍해서 그런 것이고, 조금 과한 면이 있다고 생각했는데, 교수님 말씀을 들어보니 그런 게 아니네요? 물론 지금 말씀하시는 내용을 모두 익히 파악하고서 채식을 하는 사람이 얼마만큼 되는지는 잘 모르겠어요. 우리나라는 윤리적 채식주의자보다는 건강을 위해 채식을 하는 사람이 많다고도 하는데, 어쨌건 채식을 하는 것이 제가 지금까지 생각했던 것보다 훨씬 강력한 논리로 무장하고 있다는 생각을 해봤습니다.

솔직히 많은 채식주의자들과는 달리 저는 아직도 고기가 먹고 싶습니다. 고기 냄새를 맡으면 한 점 먹고 싶다는 생각이 들기도 하죠. 하지만 제가 그렇게 할 수 없는 이유는 채식이 윤리적인 측면에서 가지고 있는 설득력을 부정할 수 없기 때문입니다. 이 주제로 학교에서 수업을 할 때 저는 농담조로 학생들에게 열심히 듣고 있다가 결정적인 문제점이 있으면 제게 꼭 이야기해달라고 요청합니다. 그렇게 함으로써 나를 고기에 대한 통제에서 해방시켜달라고 이야기하죠. 그런데 안타깝게도 저는 그런 지적을 해준 학생을 아직 만나보지 못했습니다. 그런데 채식이 윤리적으로 옳은 것이라면, 그리고 그 논리가 잘못되지 않았다면 그것이 부정될 때까지 우리가 채식을 해야 하는 것 아닐까요? 어떻게 윤리적으로 문제가 있음을 빤히 알면서 이를 외면할 수 있겠어요? 윤리적으로 옳은 것은 행하고, 윤리적으로 그른 것은 금해야 하는 것 아니겠어요? 이를 따르는 것이야말로 속박이 아닌 진정한 자유를 구가하는 것이 아닐는지….

채식이 에이, 제가 교수님 말씀에 지금까지 동의해왔지만 윤리적인 옳고 그름에 따르는 것은 제 자신에 대한 구속이지, 자유라고 생각하지는 않는데요?

우리의 상식으로 보았을 때는 그렇게 생각할 수 있습니다. 그런데 잘 한번 생각해보세요. 예를 들어 우리가 먹고 싶은 욕구를 느낄 때, 다른 사람에게 함부로 하고 싶을 때 그에 따르는 것은 욕구의 명령에 따르는, 욕구의 노예가 된 것이지 그것이 자유는 아닐 것 같지 않나요? 오히려 내가 피하고 싶어도, 하고 싶지 않아도 어떤 것이 옳기 때문에 그것을 행한다면 그것이야말로 내가 나의 의지를 이용해서 나의 자유를 행사한 것이 아닐까요? 어떻게 보면 우리의 상식과 정반대되는 이야기일 수 있지만 칸트는 진정한 의미에서의 자유가 이와 같은 행동을 하는 데에서 얻어질 수 있다고 생각했습니다. 그의 이론이라는 틀 속에서 이야기하자면 도덕법칙에 따르는 의지 행사야말로 진정한 의미에서의 자유를 추구한 것이라는 거죠.

채식이 좀 다른 시각에서 보자면 그렇게 볼  수도 있을 것 같네요. 그렇다면 사유 능력을 발휘해 채식을 해야 하는지를 검토해보고, 거기에서 내린 결론이 채식을 해야 하는 것인 경우, 내가 고기를 먹고 싶다고 해서 아무 생각 없이 고기를 먹는 것이 아니라, 내가 채식을 하고 싶지 않다고 해도 그것이 도덕적으로 옳기 때문에 채식을 한다면, 그것이야말로 진정한 의미에서의 자유로운 행위라고 할 수 있겠네요.

그 사이에 채식이가 완전 철학자가 되었는데요? 하하. 철학자가 된 걸 축하합니다!

약육강식이
아닐까?

채식이   교수님, 그런데 우리가 동물을 잡아먹는 것은 자연의 이치, 다시 말해 불가피한 자연 현상이 아닐까요? 가령 우리는 먹이 피라미드 상에서 가장 높은 곳에 위치해 있고, 그보다 낮은 곳에 위치한 동물을 잡아먹는 것은 어쩔 수 없는 약육강식 현상이 아닐까요?

지구상에서 살아가는 생물이 약육강식의 세상에서 살아가는 것은 분명합니다. 그런데 약육강식이 도덕적으로 옳은 것인지는 또 다른 판단을 요하는 문제입니다. 한 예를 들어볼게요. 중고등학교에는 이유 없이 약한 학생을 괴롭히고 돈을 빼앗기도 하는 소위 '일진'이라는 친구들이 있죠. 많은 경우 이 친구들은 다른 학생에 비해 힘이 세고 다른 일진 친구의 비호를 받기도 합니다. 그런데 이 친구들이 채식이를 괴롭히면서 어차피 이 세상은 강자가 약자를 마음대로 주무를 수 있는 세상이라고 말할 때 채식이는 이것을 어떻게 받아들일 것 같나요?

채식이 　속마음으로는 부당하다고 생각하지만 겉으로는 이를 잘 표현하지 못할 것 같습니다.

그렇죠. 그런데 여기서 괴롭힘을 당할 것이 두려워서 겉으로 표현하지 못하는 것은 중요하지 않습니다. 채식이가 행동을 어떻게 하건 일진들의 괴롭힘이 부당하다고 생각하는 것이 중요하죠. 아마도 이와 같은 경우가 부당하지 않다고 생각하지 않을 사람은 없으리라 생각하는데요. 이처럼 강자가 약자를 특별한 이유도 없이 괴롭히는 것은 분명 잘못입니다. 그리고 만약 이것이 사실이라면 동물과 인간 사이에서도 마찬가지의 논리가 적용되어야 하죠. 설령 우리가 강자라고 하더라도 약자인 동물을 괴롭히다가 잡아먹는 것은 잘못이라고 해야 하지 않을까요?

채식이 　그건 맞는 것 같은데…. 그럼에도 특히 자연 세계는 약육강식의 법칙이 지배하지 않나요?

맞습니다. 그런데 우리가 쉽게 범하기 쉬운 실수 중 하나는 사실의 문제와 옳고 그름의 문제가 별개임을 구별하지 못하는 것인데요. 예를 들어 어떤 상황에서 누군가에게 해를 가하고 싶은 것은 일종의 사실입니다. 또한 내가 다른 사람이 가진 무엇을 빼앗고 싶은 것도 일종의 사실입니다. 우리가 그렇게 생각하는 경우가 있을 수 있죠. 하지만 이를 실천하는 것은 잘못인데요. 이처럼 어떤 것을 하고 싶다고 해서, 혹은 어떤 것이 사실이라고 해서 그것이 무조건 옳거나 그른 것은 아닙니다. 독재자가 자기 하고 싶은 대로 정치를 하는 것은 하나의 사실이지만 그것을 옳다고 말할 수는 없는 것이죠. 이처럼 우리가 사실의 문제와 가치의 문제를 혼동하는 경우가 적지 않은데요. 철학자들은 이와 같이 사실의 문제로부터 가치를 직접 이끌어내는 것을 일종의 오류라고 생각하고, 이와 같은 오류를 '자연주의적 오류'라고 부릅니다. 이 세상에서 강자가 약자를 지배하는 것은 일종의 사실입니다. 그런데 이러한 사실로부터 직접 이것이 옳다는 판단을 이끌어내는 것은 자연주의적 오류를 범하는 것입니다. 설령 약육강식의 법칙이 이 세상을 지배하고 있어도 특별한 근거 없이 이를 옳다고 할 수는 없는 것이죠.

채식이　자연주의적 오류라…, 대략적으로는 이해가 갔어요.

이번에는 조금 다른 이야기를 해볼까요? 어느 먼 미래에 지구 상에 외계인이 나타난 거예요. 그런데 이 외계인들이 인간을 먹어봤더니 너무 맛있어서 인간에게 당신들을 잡아먹겠다고 선포를 합니다. 그러면서 그들이 이건 약육강식의 논리이니 어쩔 수 없는 것이고, 당신들이 목숨을 포기하라고 통보를 한다면 우리는 어떻게 대응해야 할까요?

채식이   우리가 어떻게 할 수 없지 않을까요? 우리를 압도할 수 있는 힘이 있는데 우리가 맞서 싸운다고 해도 이길 가능성이 없다면 그냥 포기해야 할 것 같은데요?

뭐, 그럴 수도 있지요. 하지만 그건 지금 검토하고 있는 문제의 핵심은 아닙니다. 적어도 외계인들이 우리를 먹어치우겠다고 할 경우 우리가 "옛다! 먹어라" 하면서 우리의 몸을 포기하기에 앞서 그들을 설득할 타당한 논리를 생각해보아야 할 것입니다. 그리고 이 상황에서 적어도 우리는 강자라고 해서 약자를 마음대로 하는 것이 부당하며, 우리를 먹는 것은 도덕적으로 잘못을 범하는 것이라고 말해야 할 것입니다. 이는 전혀 부당하지 않은 적절한 윤리적 대응일 것입니다.

어느 먼 미래에 지구상에 외계인이 나타난 거예요. 그런데 이 외계인들이 인간을 먹어봤더니 너무 맛있어서 인간들에게 당신들을 잡아먹겠다고 선포합니다.

그러면서 이건 약육강식의 논리이니 어쩔 수 없는 것이고, 당신들이 목숨을 포기하라고 통보를 한다면 우린 어떻게 해야 할까요?

어떻게 할 수 없지 않을까요? 우리를 압도할 수 있는 힘이 있는데 맞서 싸워도 이길 수 없다면 포기해야 하지 않을까요?

#@~

뭐 - 그럴 수도 있지만, 이 상황에서 적어도 우리는 강자라고 해서 약자를 마음대로 하는 것이 부당하며, 우리를 먹는 것은 도덕적으로 잘못을 범하는 것이라고 말해야 하겠죠?

잡아먹지 마세요~

채식이　교수님이 무엇을 말씀하시려는지 대략 알겠어요. 그러니까 설령 먹이 피라미드 상에서 인간이 가장 높은 곳에 위치해 있다 해도, 우리가 우리보다 낮은 곳에 있는 생명체를 우리보다 힘이 약하다고 해서 마음대로 하겠다고 생각하는 것은 잘못이라는 거죠?

제대로 파악했네요. 사실 먹이 피라미드는 과학자가 생태계 내에서 나타나는 현상을 설명하기 위해 만들어낸 이론적 틀입니다. 때문에 이는 개략적으로 자연 현상을 설명하고 있을 뿐 다소 다른 시각에서 생각해볼 경우 생명체의 서열이 달라질 수도 있습니다. 예를 들어 인간과 다른 동물이 일대일로 몸싸움을 벌인다고 가정해봅시다. 이 싸움은 무기 사용이 허용되지 않는데요. 이 경우 인간이 이길 수 있는 동물은 그리 많지 않습니다. 사자와 호랑이 등은 말할 것도 없고, 심지어 사슴과 같은 초식동물에게도 이길 수 있다는 보장은 전혀 없습니다. 그런데 이와 같은 방식으로 서열을 정하여 지배 순위를 결정한다면 우리가 다른 동물 한참 밑에 와 있어야 할 텐데, 이 경우 우리가 그들에게 잡아먹혀도 된다고 해야 할까요?

마지막으로 한 가지만 더 추가하자면 먹이 피라미드는 공장식 축산 방식을 통해 탄생한 동물을 잡아먹는 관행을 설명하는 것과는 무관합니다. 이는 자연 생태계에서 확인할 수 있는 현상을 설명하기 위한 이론일 뿐이에요. 이렇게 보자면 우리가 먹이 피라미드를 이용해 가축을 잡아먹는 것을 정당화할 수 없고, 이러한 이론을 인간이 가축을 잡아먹는 것을 설명하는 이론적 틀로 사용할 수도 없습니다.

채식이   말씀을 듣고 보니 수긍하지 않을 수 없네요. 제가 고기가 먹고 싶다 보니 이를 정당화하고 싶은 마음이 너무 컸던 것이 아닌지 반성해보게 됩니다.

저는 채식이의 태도가 정말 너무 마음에 듭니다. 제 말에 수긍했다는 것 때문이 아니라 자신을 비판적으로 반성해보려는 태도를 보이기 때문에 이런 말을 하는 거예요. 우리가 판단에 이르는 경우를 따져보면 이런저런 문제를 종합해서 최종적으로 판단을 내리는 경우보다는 먼저 판단을 하고, 그러고 나서 이를 정당화하기 위한 논리를 찾아내는 경우가 적지 않다는 사실을 확인할 수 있습니다. 그런데 이렇게 할 경우 우리는 미리 정해 놓은 판단 내지 답에 대한 '합리화'를 할 뿐 '합리성을 가진 판단'을 하지 못할 수 있어요. 고기를 먹어도 되는지의 문제는 전형적으로 그럴 가능성이 높은데요. 내가 지금까지 먹어왔고, 내가 좋아하는 음식에 대해 의문을 제기할 때 부정적으로 답하지 않기가 여간 어렵지 않죠. 이 경우 '고기를 먹어도 된다'는 이미 정답이고, 우리는 이를 뒷받침하기 위한 논리를 찾으려 합니다. 그런데 이 경우 이미 답을 정해 놓은 상태이기 때문에 정당한 의문을 제기해도 계속적으로 이를 회피하거나 적절치 못한 반박을 하는데, 이 경우 우리는 자신의 태도를 합리화하기 위해 노력할 뿐 합당한 판단을 하지 못합니다.

채식이 　자기가 직관적으로 내린 판단이 잘못일 수 있음을 인정하지 않고 그것이 옳다는 입장을 굽히지 않으려 할 때 합당하고 객관적인 뒷받침이 이루어질 수 없다는 이야기네요.

그런 이야기죠. 우리가 고집과 소신을 구분해야 하는데요. 고집은 별다른 근거 없이, 혹은 잘못된 근거로 자신의 입장을 꺾지 않는 것을 이야기해요. 반면 소신은 합당한 근거를 가지고, 혹은 최대한 그와 같은 근거를 갖기 위해 노력하면서 자신의 입장을 계속 견지하려는 것을 이야기하죠. 우리는 소신을 가져야 하지 고집을 가져선 안 됩니다. 물론 현실에서는 소신과 고집을 구분하기가 그리 쉽지는 않지만 그럼에도 소신을 가져야 한다는 생각을 놓쳐서는 안 됩니다. 그리고 그러기 위해서는 우리의 직관적인 판단이 잘못일 수 있음을 의식하고, 이를 뒷받침하기 위한 근거들의 타당성을 검토한 후 최종적으로 우리가 내렸던 직관적인 판단의 옳고 그름을 결정하려는 자세를 가지고 있어야 합니다.

채식이   교수님 말씀은 채식을 해야 하는지의 여부를 결정하는 문제 이상으로 중요할 수 있을 것 같아요. 채식의 문제는 사실상 방금 말씀하신 태도를 현실에 적용해본 것이라 할 수 있겠네요.

맞아요. 우리가 자신의 판단이 틀릴 수 있음을 인정하기만 해도, 다시 말해 말랑말랑한 유연성을 갖기만 해도 이 세상의 다틈은 훨씬 줄어들 수 있을 거예요. 제가 잠시 삼천포로 빠졌는데, 그럼에도 그것이 무의미하지만은 않을 겁니다.

채식이　　제가 조금씩 발전하는 느낌이 들어 뿌듯하네요! 하하.

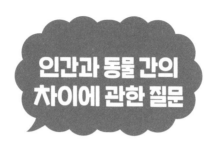

인간과 동물 간의 차이가 육식을 정당화할 수 있지 않을까?

교수님! 저는 어릴 적부터 인간이 다른 동물과는 다른 존엄한 존재라는 말을 무수히 들어왔습니다. 인간은 만물의 영장이며, 다른 동물과는 근본적으로 다르다는 거죠. 그렇다면 우리가 동물을 잡아먹어도 되는 것 아닐까요?

채식이에게 물어볼게요. 인간이 동물과 다른 점은 무엇일까요?

채식이   음~ 인간은 사유 능력이 있는 이성적 존재라는 것이 차이라고 할 수 있을 것 같은데요? 지능도 그럴 것 같고….

채식이 이야기가 대략적으로는 맞는 것 같아요. 평균적으로 보았을 때 인간은 분명 동물보다 이성 능력이 뛰어나고 지능도 높죠. 하지만 반드시 그런 것만은 아닐 거예요. 가령 동물 또한 어느 정도의 이성 능력을 갖추었고, 지능도 갖추었는데, 우리가 어디에 선을 그어 그들을 먹을 수 있다고 할 수 있는 것일까요? 인간 사회에서 어떤 사람이 자신의 아이큐가 200이라고 해서 그보다 못한 사람을 마음대로 대해도 된다고 할 경우 과연 그 사람의 주장에 설득력이 있다고 말할 수 있을까요? 이성 능력도 마찬가지입니다. 구체적으로 어떻게 이성 능력을 평가할 수 있는지는 분명하지 않지만 어찌되었건 이성 능력이 더 발달한 사람이 그렇지 못한 사람을 함부로 대해도 무방하다고 할 경우 과연 그 말이 정당하다고 말할 수 있을까요?

채식이 　그럼 도구 사용 능력은 어떤가요?

이 또한 비슷하게 답할 수 있는데요. 예를 들어 누군가가 엄청나게 컴퓨터를 잘 다룬다고 해서 그 능력을 다른 사람을 차별하는 근거로 삼겠다고 할 때 이를 받아들일 사람은 없을 겁니다. 물론 컴퓨터를 잘 다루는 사람이 관련 업계에서 엄청난 성공을 거두어 돈을 많이 벌 수는 있을 겁니다. 하지만 이것은 자신이 능력을 이용해서 정당하게 돈을 번 것일 뿐, 그 사람이 자신이 가진 능력 때문에 투표권을 더 많이 가질 수 있는 것은 아니며, 범죄를 저질러도 처벌받지 않을 권리를 갖는 것은 아닙니다.

채식이　하긴… 저도 동물들이 도구를 사용한다는 이야기를 많이 들어봤어요. 딱따구리가 선인장 가시를 이용해 벌레를 잡아먹는다든가 고릴라가 물을 건너기 전에 나무 막대기로 물의 깊이를 가늠해본다는 이야기를 들어보기도 했죠.

그렇습니다. 동물의 도구 사용에 대해서는 알려진 바가 적지 않죠. 특히 침팬지는 실로 다양한 도구를 사용한다는 사실이 잘 알려져 있습니다. 어떤 연구자는 침팬지가 도구와 유사한 막대기를 이용해 개미 둥지를 파헤치거나 개미를 잡았다고 보고했고, 또 다른 연구자는 꿀 채취를 위해 그들이 여러 도구를 활용함을 목격했다고 밝히기도 했죠.

동물의 도구 사용

채식이   그러니까 도구 사용 능력을 동물을 함부로 대하거나 잡아먹을 수 있는 기준으로 삼을 수 없는 이유는 한편으로는 많은 동물 또한 도구를 사용할 수 있는 능력이 있기 때문이고, 다른 한편으로는 도구 사용 능력이 떨어진다는 사실을 함부로 대할 수 있는 기준으로 삼을 수 없기 때문이네요.

그러하옵니다.

채식이   아니, 갑자기 왜 극존대를 하시죠?

채식이가 너무 이야기를 잘 이해하니까 저도 모르게 극존대를 하게 되네요. 하하. 사실 우리가 가지고 있는 어떤 능력도 타인이나 다른 생명체를 함부로 대할 수 있는 기준이 될 수는 없습니다. 실제로 쾌락과 고통을 느낄 수 있는 능력 외의 다른 기준을 사용할 경우 이는 사람들이 받아들일 수 없는 기준이 될 것입니다. 예를 들어 남성이 자신의 목소리가 굵다거나 몸무게가 더 나간다는 등의 이유로 여성을 함부로 대할 수 있다고 할 경우 이를 받아들일 여성은 없을 겁니다. 여성 중에서 남성에 비해 목소리가 굵거나 몸무게가 더 나가는 여성이 있을 수 있고, 심지어 남성 사이에서도 편차가 있을 수 있는데, 이들을 함부로 대할 수 있는 기준으로 삼을 경우 심각한 문제가 발생할 겁니다. 그리고 이러한 기준을 함부로 대할 수 있는 기준으로 삼을 경우 우리는 이러한 기준을 훨씬 잘 충족시키는 동물들에게 함부로 처우될 수 있는 상황에 놓일 수 있습니다. 왜 달리기 속도는 기준이 될 수 없을까요?

채식이   앗! 거기까지는 생각하지 못했네요.

이 세상에 호모 사피엔스뿐만 아니라 호모 사피엔스보다 많은 능력을 갖춘 종인 호모 수퍼버스, 그리고 호모 사피엔스보다 살짝 이런저런 능력이 떨어지는 종인 호모 열등버스가 공존하고 있는 상황을 가정해봅시다. 이 경우 세 종족이 평화롭게 잘 살아가려면 자신들만이 갖춘 능력을 차별의 기준으로 삼아선 안 됩니다. 냄새 맡을 수 있는 능력, 멀리 볼 수 있는 능력, 특정 지점을 찾아갈 수 있는 능력, 초능력 등을 내세우며 이를 기준으로 도덕적 고려의 수준을 정하자고 할 경우 이를 다른 종들은 받아들일 리 만무하고, 모두가 공통적으로 갖춘 능력을 배려의 기준으로 삼아야 할 겁니다. 그렇지 않으면 전쟁은 불가피하겠죠. 왜 그렇겠어요?

채식이　모두가 만족할 수 있는 기준이 아님에도 특정 종에 유리한 기준을 채택했기 때문이겠죠?

맞아요. 그런데 특정 윤리적 기준을 인간 사회에 적용할 때에도 마찬가지입니다. 누군가에게 조금이라도 불리한 기준이라할 경우 사람들은 이를 받아들이려 하지 않을 거예요. 물론 그러한 기준이 유리하다고 판단하는 사람들은 모르겠지만 특히 그러한 기준 때문에 불리한 입장에 놓이는 사람들은 결사반대할 거예요. 어떤 사람도 불리한 상황에 놓이지 않는 기준, 이를 채택해야 할 텐데 공리주의의 기준인 쾌락과 고통은 대략 이를 만족시킵니다. 이러한 기준 외의 다른 특징은 도덕적 고려의 대상이 될 기준이 되기 어렵습니다. 정리하자면 인간과 동물의 관계에서뿐만 아니라 인간들 간의 관계에서도 쾌락과 고통을 느낄 수 있는 특징 외의 다른 특징은 정당한 도덕적 기준이 될 수 없는 것이죠.

채식이   그렇군요.

그런데 동물과 인간의 차이를 거론하면서 동물을 함부로 대하거나 먹어버리는 관행을 정당하다고 말할 수 없는 매우 중요한 논증이 있어요. 소위 가장자리 논증(Argument from Marginal Cases)이라는 것이죠.

채식이   가장자리 논증이 뭐죠?

인간 중에는 정상적인 성인이 가지고 있는 특징을 가지고 있지 못한 사람이 있죠. 그런데 이와 같은 사람들을 어떻게 처우할 것인지를 묻는 논증이 바로 가장자리 논증입니다. 예를 들어 동물이 이성 능력을 갖추지 못했기 때문에 그들을 마음대로 먹을 수 있다고 주장하는 사람이 있다고 했을 때, 우리는 그 사람에게 이러한 능력을 갖추지 못한 사람도 함부로 대할 것인지를 물을 수 있습니다. 실제로 이 세상에는 이성 능력을 갖추지 못한 사람들이 있는데요. 대표적으로 식물인간, 심각한 지적 장애인, 심각한 치매 환자, 아기 등은 이러한 능력을 갖추지 못했죠. 그런데 만약 우리가 이들을 함부로 대할 수 없다고 말한다면 우리는 동물들 또한 이성 능력을 갖추지 못했다는 이유를 들어 함부로 대할 수 있다고 말할 수 없을 겁니다. 만약 이성 능력이 기준이라고 한다면요. 도덕적 행위 능력을 갖추었는지의 여부를 기준으로 함부로 대할 것인지를 결정할 수 있다는 논의 또한 마찬가지입니다. 방금 위에서 나열한 사람들은 도덕적 행위 능력을 갖추고 있지 못합니다. 그럼에도 우리는 이들을 함부로 처우해서는 안 된다고 생각하죠. 그런데 만약 도덕적 행위 능력을 갖추지 못했다고 이와 같은 사람들을 함부로 처우해선 안 된다면 동물들 또한 이러한 능력을 갖추지 못했다고 함부로 대해서는 안 될 것입니다. 적어도 논리적 일관성을 유지하려면 그렇게 해야 하죠.

채식이   문득 한 가지 궁금한 점이 생겼어요. 도덕적 행위 능력이 있는 존재와 도덕적 고려의 대상이 되는 존재는 다른가요, 같은가요? 같은 것 같기도 한데….

좋은 질문이에요. 우리는 도덕적 행위 능력이 있는 존재와 도덕적 고려의 대상이 되는 존재를 구분해야 합니다. 정상적인 성인은 도덕적 행위 능력도 있고, 도덕적 고려의 대상이 되기도 합니다. 그리고 도덕적 행위 능력을 갖추었음에도 도덕적 고려의 대상이 될 수 없는 존재는 이 세상에 없습니다. 이러한 능력을 갖추고 있다는 것은 우리가 마땅히 고려해야 함을 의미한다고 볼 수 있습니다. 이러한 능력을 갖추고 있음에도 그 대상을 고려하지 않는다는 것은 도덕적 잘못을 범하는 것이겠죠. 반면 심각한 지적 장애인이나 아기, 동물 등은 도덕적 행위 능력을 갖추지 못했어도 도덕적 고려의 대상인 존재입니다. 반면 식물이나 무생물은 도덕적 행위 능력을 갖추지 못했고, 도덕적 고려의 대상도 아닙니다. 물론 기준을 무엇으로 생각하느냐에 따라 식물이나 무생물 또한 도덕적 고려의 대상이 되는 경우가 있지만, 적어도 공리주의의 기준으로 보았을 때에는 이들은 도덕적 고려의 대상이 아닙니다. 이들은 쾌락과 고통을 느낄 수 있는 존재가 아니니까요. 이를 표로 한번 정리해볼까요?

	정상적인 성인	??	심각한 지적 장애인, 아기, 동물	식물, 무생물
도덕적 행위 능력	○	○	×	×
도덕적 고려의 대상	○	×	○	×

채식이   이해가 되었어요. 도덕적 고려의 대상이 되는 것과 도덕적 행위 능력이 있는 것은 구분해야 하는 거군요. 특히 공리주의의 기준으로 보았을 때 동물들은 쾌락과 고통을 느낄 수 있는 존재이니 도덕적 고려의 대상이 되지 않을 수 없겠네요. 설령 그들이 도덕적 행위 능력을 갖추고 있지 않다고 하더라도요.

네, 정리해서 말하자면 적어도 어떤 존재가 도덕적 고려의 대상이라면 그 존재가 갖지 못한 어떤 특징도 함부로 대하는 것의 기준이 될 수는 없는 것 같습니다. 이는 우리보다 우월한 존재를 상정해서 사고 실험을 해볼 경우, 그리고 정상적인 성인이 갖추고 있는 특징을 갖지 못한 사람들을 고려해볼 경우 명백해지는 것 같습니다. 언뜻 보기에 인간이 동물보다 우월하고, 이에 따라 우리가 동물을 임의로 잡아먹어도 상관없을 것 같지만 작은 부분들을 세밀하게 검토해보면 동물은 배려의 대상이지 우리가 임의로 처분할 수 있는 대상이 아님을 확인할 수 있을 것 같습니다.

채식이   하…. 저는 지금까지 고기를 먹어도 된다는 생각을 해왔고, 고기를 먹어선 안 된다는 입장의 논리적 부당성을 찾아낼 수 있을 것이라 생각했어요. 그런데 교수님이 지금까지 말씀하신 이야기를 들어보니 채식을 한다는 것은 도덕적 의무에 해당한다고 생각해야 할 것 같네요. 교수님이 시작할 때 말씀하셨던 도덕 추론 내지 판단의 과정을 따라 지금까지 오다 보니 교수님의 논리에 설득 당해버렸습니다. 그런데 솔직히 논리적으로 설득이 되긴 했지만 당장 내일부터 채식을 하진 못할 것 같은데….

왜 채식을 하기가 힘들까?

충분히 이해해요. 제가 꽤 오랜 시간 수업 시간에 고기 문제를 다루었음에도, 막상 채식을 해보겠다고 한 친구들은 그렇게 많지 않아요. 아니, 매우 희귀하다고 해야 옳을 겁니다. 그런데 이것마저도 얼마 있지 않아 다시 육식으로 돌아간 친구들이 대부분이고, 지속적으로 1년 이상 채식을 한다고 말해준 친구는 정말 손가락으로 꼽을 정도예요. 왜 이런 일이 일어난다고 생각하세요?

글쎄요. 먼저 생각나는 것은 육식을 하는 것이 인간의 소중한 권리 내지 행복 추구권이라 생각해서가 아닐까요?

인간이 행복을 추구해야 하는 것은 분명합니다. 그리고 고기를 먹는 것을 행복 추구권과 결부시킬 경우 육식을 하는 데 아무런 거리낌이 없게 되죠. 심지어 어떤 사람이 육식을 하는 것에 문제 제기를 할 경우 지적을 받은 사람은 이를 못마땅해하면서 노골적으로 불쾌감을 드러낼 겁니다. 개고기를 먹는 것에 찬성하는 사람 중에 꽤 많은 사람이 이와 유사한 반응을 나타내죠. 그런데 행복을 추구하는 데에도 제한이 있는 것은 아닐까요? 예를 들어 내가 누군가를 이유 없이 구타하면서 "이것이 나의 행복을 위한 길이야"라고 할 경우 이를 권리라 해서 무턱대고 받아들여야 하는 것일까요?

채식이   그건 아닌 것 같은데요? 우리가 권리를 행사하는 데에는 일정한 제한이 있을 것 같아요. 가령 다른 사람에게 피해를 주는 일이라면 권리 행사는 제한을 받아야 할 것 같습니다.

그렇죠. 그런데 이를 조금 다르게 표현하자면 우리는 윤리적으로 문제가 있는 행동을 삼가면서 자신의 권리를 추구해야 합니다. 이렇게 보자면 행복을 추구할 권리가 있다고 해서 우리가 구분을 하지 않고 행복을 추구할 수 있는 것은 아닙니다.

우리는 윤리적으로 별다른 문제가 없다는 전제하에서 권리를 추구할 수 있는 거예요. 그런데 앞에서 우리가 확인한 것처럼 동물에게는 도덕적 지위가 있고, 그들에게 고통을 주거나 고기로 사용하기 위해 그들의 목숨을 앗아가는 것은 도덕적 잘못입니다. 그런데 방금 언급했던 권리 추구에 대한 제약 조건을 염두에 둘 경우 우리는 우리의 행복 추구권을 이야기하면서 육식을 해서는 안 되는 겁니다.

채식이　맞는 말씀인 듯하네요. 우리에게 행복을 추구할 권리가 있다고 해서 어떤 존재에게 고통을 줄 수는 없는 것 같습니다. 그럼 채식이 인간의 본성을 거스르기 때문에 우리가 머리로 채식을 해야 함을 알아도 실천이 이루어지지 않는 것이라는 주장은 어떤가요? 실제 영양학적으로 인간에게 육식은 필수적이며 불가피하다는 이야기를 들어보기도 한 것 같아요.

비교적 최근까지도 많은 과학자들은 고기에서 얻을 수 있는 단백질이 인간의 두뇌가 엄청난 속도로 진화하는 데 도움이 되었다고 생각했어요. 하지만 근래 들어 이러한 생각이 도전을 받고 있는데요. 단백질보다 '요리를 발명한 것'이 인간의 두뇌 발달에 더욱 중요한 역할을 했다는 것이죠. 영국의 인류학자이자 영장류 동물학자인 리처드 랭엄 박사에 따르면 인간이 요리를 발명함으로써 고기와 식물을 소화할 수 있는 능력을 향상할 수 있었고, 이로 인해 뇌에 더 많은 칼로리를 공급할 수 있었습니다. 그리고 이것이 인간 두뇌의 급속한 진화에 가장 커다란 영향을 미쳤다는 것이죠.

채식이　동물 고기가 아닌 요리가 인간 두뇌 발달에 커다란 영향을 행사했다는 이야기는 상당히 흥미롭네요. 그럼에도 인간이 고기를 즐겨 먹도록 진화한 것은 아닐까요?

글쎄요. 인간의 치아와 손톱을 살펴보면 그러한 생각이 논란의 여지가 있음을 알 수 있습니다. 육식동물의 전형적인 특징은 날카로운 발톱과 커다란 송곳니가 있다는 것인데요. 이들은 이러한 무기를 이용해서 다른 동물을 잡아먹습니다. 그런데 육식동물의 턱은 좌우상하로 움직이지 않고 위아래로만 움직이는데, 이러한 구강 구조로 인해 그들은 고기를 씹어 먹지 않고 커다란 송곳니로 살코기를 뜯어서 한 번에 삼켜버립니다. 그런데 인간도 그런가요?

채식이   아니요.

그렇습니다. 인간은 육식동물과 달리 턱이 좌우상하로 움직이고, 음식을 어금니로 여러 번 씹고 갈아서 먹습니다. 이는 초식동물의 특징이기도 하죠. 또한 육식동물은 고기를 씹지 않고 삼키기 때문에 위산의 강도가 매우 높습니다. 이처럼 위산의 강도가 높아야 먹은 고기를 소화할 수 있는 것이죠. 반면 인간의 위산은 육식동물에 비해 훨씬 강도가 약한데요. 때문에 인간은 육식동물을 삼키거나 생것으로 먹을 경우 소화를 할 수가 없고, 요리를 해서 먹어야 하는 것이죠. 식물성 음식을 먹을 경우에는 위산의 강도가 높지 않아도 얼마든지 소화가 가능합니다. 이렇게 본다면 인간은 채식을 하는 쪽에 좀 더 가까운 존재라 할 수 있을 겁니다.

채식이   에구구. 그럼 고기가 당기는 것이 우리 진화 과정의 결과로 나타나는 현상은 아닐 수도 있네요. 이유야 어떻든 일단 고기 맛을 알면 이를 끊기가 매우 어려운 것 같아요. 그만큼 육식동물의 전형적인 특징은 날카로운 발톱을 가지고 있으며, 커다란 송곳니가 있다는 것이죠. 이런 무기로 동물을 잡아먹습니다!

육식동물의 턱은 좌우상하로 움직이지 않고 위아래로만 움직이는데 이런 구강 구조로 인해 그들은 고기를 씹지 않고 커다란 송곳니로 살코기를 뜯어서 한 번에 삼켜버립니다. 그런데.. 인간도 그런가요?

아니요!

그렇습니다! 인간은 육식동물과 달리 턱이 좌우상하로 움직이고, 음식을 어금니로 여러 번 씹고 갈아서 먹습니다. 이는 초식동물의 특징이기도 하죠.

인간은 육식동물처럼 위산의 강도가 높지 않아 고기를 생것으로 먹거나 살릴 수 없어 요리해 먹어야 합니다. 하지만 식물성 음식을 먹을 경우에는 위산의 강도가 높지 않아도 얼마든지 소화가 가능하죠!

인간은 채식을 하는 쪽에 가까운 존재군요

맛있고, 때문에 논리와 실천이 분리되는 것 같습니다.

맞습니다. 고기가 맛있다는 사실은 채식이 윤리적인 측면에서 옳아도 막상 실천에 옮기기 힘든 가장 커다란 이유일 겁니다. 과거로부터 고기반찬은 식물성 반찬에 비해 훨씬 귀한 음식이었고, 지금도 식당에 가보면 식물성 반찬은 기본적으로 깔리는 음식이고, 고기반찬이 메인 반찬으로 자리 잡고 있죠. 외식을 한다고 하면 으레 고기 식당을 떠올릴 뿐만 아니라 잘 먹었다고 하면 거의 예외 없이 고기를 먹은 경우를 이야기할 만큼 우리는 고기에 익숙해져 있고, 또한 즐겨 먹습니다. 식욕이 인간의 가장 기본적인 욕구이고, 이러한 욕구를 달콤하게 충족시켜 주는 음식이 고기임을 감안한다면 고기를 외면하기란 여간 어렵지 않을 것입니다. 우리는 어릴 적부터 육식 습관을 형성해나갑니다. 흥미로운 것은 처음부터 고기를 즐겨 먹는 아이들은 많지 않은 편이라는 것인데요. 제 경우도 어렸을 때 굽기 전의 생고기가 징그럽다는 이유로 고기를 안 먹으려했던 기억이 납니다. 건강상의 이유로 부모가 아이들에게 끈질기게 육식을 권하고, 아이들은 처음엔 마지못해 육식을 하다가 점차 육식에 익숙해지면서 이를 즐기는 것이죠. 이와 같이 하여 일단 습관이 만들어지면 육식을 하지 않기가 몹시 어려워집니다.

채식이   제가 언제부터 육식을 했는지, 그리고 처음에 제가 육식을 거부했는지는 정확히 기억할 수 없지만 어찌되었건 우리 혀를 만족시켜주는 육식이 살아가면서 습관으로 자리 잡게 되었음은 분명 사실인 것 같습니다.

무엇인가를 즐겨 먹는 것은 우리 몸이 요구하기도 하지만 그이상으로 습관이 커다란 영향을 미칩니다. 그리하여 개가 친구 같은 동물이라는 생각이 자리잡고 있는 서구의 경우는 개를 먹는 것을 생각만 해도 역겹다는 느낌을 받음에 반해, 개고기를 즐겨 먹는 문화 속에서는 전혀 그런 반응이 일어나지 않죠. 다른 고기에 대한 반응도 유사합니다. 예를 들어 우리는 뱀, 지네, 바퀴벌레 등 평소에 혐오하는 편인 동물의 고기를 먹는 생각을 쉽게 하기 힘들고, 먹기는커녕 역겹다는 느낌을 갖습니다. 만약 단백질 부족이 고기에 대한 욕구를 불러일으킨다면 우리가 어떤 고기인지 가리지 않고 먹고 싶은 욕구를 느껴야 할 텐데, 그렇지 않은 것을 보면 우리가 즐겨 먹는 음식도 습관의 영향이 크다고 해야 할 거예요. 식습관이라는 말은 이를 적절하게 반영한 단어입니다.

채식이　　맛이라는 이야기가 나와서 드리는 말씀인데요. 채식하면 저는 채소를 잔뜩 쌓아놓고 마치 소처럼 우적우적 씹어 먹는 장면이 연상됩니다. 음식도 맛이 있어야 먹는 것이지 단지 생존을 위해 억지로 먹어야 한다면 저는 이를 쉽게 실천할 것 같지 않습니다. 그리고 지금까지 즐겨 먹었던 고기를 전혀 입에 대지 말아야 하는 부담감이라고 할까요? 이 또한 육식을 쉽게 포기하지 못하는 이유가 될 것 같습니다. 식당에 갈 때마다 일일이 고기 성분이 있는지 따져 보고, 고기 성분이 포함되어 있으면 그 음식을 먹지 않는 것도 하루 이틀이지 그런 생활이 반복되면 저는 적지 않은 부담을 느낄 것 같습니다. 주변 사람과의 관계도 그래요. 제가 까탈스럽게 일일이 성분 확인을 하는 모습을 보면 저랑 함께 식사를 하러 가려는 사람이 없어질 것 같습니다. 게다가 채식 전문 식당이 주변에 흔하거나 학교 식당에서 식사를 할 때에도 채식을 편하게 할 수 있으면 모르겠습니다. 아직 우리나라가 그만큼 채식 문화가 자리 잡힌 것도 아니잖아요? 물론 채식이 도덕적인 정당성을 갖는다는 것을 감안한다면 이 모든 불편을 극복하고 채식을 해야 한다고 말할 수 있습니다. 하지만 평범한 사람들은 그렇게 생활하기가 매우 어렵다고 생각합니다. 잠시라도 채식을 해볼까 고민을 해본 사람이라면 방금 제가 말씀드린 문제들이 발목을 잡고 있는 것처럼 느낄 거예요. 더군다나 채식을 하는 것이 건강 문제를 일으킨다는 이야기도 흔히 접할 수 있는데, 상황이 이러하다면 교수님도 수업 시간에 채식을 한다 해놓고 막상 현실 속에서 채식을 하지 못하는 상황을 이해하셔야 할 거예요.

구구절절 이해가 되는 이야기예요. 어떻게 보면 채식이는 제가 고민했던 문제들을 그대로 가지고 있는 것 같다는 느낌이 드는데요. 정답이 될 수는 없지만 하나씩 하나씩 제 경험을 토대로 답을 해볼게요. 현재 대한민국이라는 환경 속에서 완전 채식을 하기란 쉽지 않습니다. 부담이 확 느껴지지요. 채식이가 말한 것처럼 채식을 쉽게 할 수 있는 환경이 전혀 아니고, 식당에 들어갈 때마다 성분을 따지고 있으면 식사 시간이 즐겁기는커녕 스트레스만 잔뜩 쌓일 거예요. 하지만 채식의 이상이라 할 수 있는 완전 채식을 하겠다는 생각을 접어두고, 물고기와 유제품까지 먹는 페스코 채식(본문 40쪽 참고) 정도를 실천한다면 이는 생각보다 그리 어렵지 않습니다.

채식이   페스코 채식이요?

네, 저 또한 페스코 채식을 하고 있는데요. 처음에 완전 채식을 지향하면서 살아갈 때와는 달리 페스코 채식을 하면서는 별다른 부담을 느끼지 않고 편하게 식사를 하고 있습니다. 식사할 때의 스트레스는 사실상 완전히 사라졌죠.

채식이   완전 채식이 아니라고 하더라도 채식에 초점이 맞추어져 있다면 부담이 없진 않을 것 같은데, 구체적으로 어떻게 식사를 하는지 말씀해주시겠어요?

채식이가 한식당에서 식사를 하는 경우를 가정해보죠. 한식당에 들어가서 가령 된장찌개를 시키면 밑반찬이 나옵니다. 그런데 요즘은 고기가 비싸서인지 고기반찬이 나오는 경우는 거의 없습니다. 김치류와 콩나물, 시금치 등이 나오고, 고기에 가까운 것은 어묵 정도가 나오죠. 그런데 페스코 채식을 하는 사람으로서 이 중에서 먹을 수 없는 것은 하나도 없습니다. 제가 자주 가는 식당은 달걀 프라이를 해주는데, 이것마저도 먹을 수 있으니 식당에서 나오는 모든 음식을 먹을 수 있는 것이죠. 한식 뷔페에 가면 상황이 조금 다릅니다. 그곳에는 고기가 준비되어 있는데, 그럼에도 생선을 포함해 다른 반찬을 선택하고 소, 돼지, 닭고기를 피하면 뷔페에 있는 대부분의 음식을 먹을 수 있습니다. 채식이가 말한 것처럼 채소를 잔뜩 쌓아놓고 억지로 밥을 먹어야 하는 것도 아니고, 그렇게 해야 할 이유도 전혀 없습니다. 그저 고기 식당이나 치킨 정도만을 피한다면 얼마든지 페스코 채식주의자로서의 삶을 살아갈 수 있는 거죠.

채식이　　어? 그렇다면 생각보다 어려운 것만은 아닐 수도 있겠는데요?

네, 그리고 설령 완전 채식인인 비건으로 살고자 해도 말 그대로 백 퍼센트의 채식을 하는 것은 불가능할 수 있습니다. 가령 《채식의 철학》을 쓴 토니 밀리건은 "유제품은 어디에든 포함되는데, 때문에 유제품을 확실하게 피하기 위해서는 가공 음식을 완전히 섭취하지 말아야 한다. 하지만 이는 비현실적이다. 심지어 슈퍼마켓에서 빵을 사 먹는 완전채식주의자들은 예컨대 칼슘, 혹은 유당과 같은 소량의 우유에서 온 성분을 의도치 않게 먹을 수 있다"고 밝히고 있으며, 이외에도 완전 채식이 현실적으로 거의 불가능함을 여러 예를 통해 보이고자 합니다. 설령 밀리건의 이야기가 전적으로 옳지 않다고 하더라도 비건들이 생각하는 것과는 달리 말 그대로 완전한 채식은 현실적으로 극히 어렵습니다. 우리가 생각하지도 못한 것들에 동물 성분이 들어가 있을 수 있기 때문이죠. 그런데 우리가 이를 감안해서 너무 완전함을 추구하려 하지 않을 경우, 그리하여 가령 국물에 무엇이 들어갔는지를 일일이 확인하려 하기보다는 고기가 둥둥 떠다니거나 명백하게 육수가 아니라면 그냥 눈감고 먹을 경우, 자신은 물론 다른 사람들에게 별다른 불편을 주지 않을 수 있죠. 물론 이처럼 페스코로 살아가는 것이 잠정적이어야 할 수 있습니다. 그리하여 채식 식당이 주변에 많이 있고, 학교 식당에서도 어렵지 않게 채식을 할 수 있게 된다면, 게다가 맛있는 채식 요리도 어디에서든 먹을 수 있는 상황이 된다면 완전 채식의 방향으로 나아가야 할 수도 있죠. 하지만 대한민국의 채식 사정을 감안해보았을 때, 저는 현재로서는 페스코 채식 정도만 실천해도 괜찮을 것 같다는 생각을 합니다.

채식이　페스코 채식을 실천하면 고기를 아예 외면해야 하는 부담감을 어느 정도 벗어날 수 있을지 모르겠습니다.

순전히 제 개인적인 생각인데요. 저는 철저하게 채식을 하려는 노력 이상으로 중요한 것이 더 많은 사람들이 채식에 관심을 갖게 하고 또 채식을 하게 하는 것이라고 생각해요. 물론 이러한 이야기는 변명처럼 들릴 수도 있는데요. 뭐 변명이라 생각한다면 굳이 부정하지는 않겠습니다. 하지만 자신만의 실천에 머물 경우 고통 받는 동물들의 삶이 얼마나 달라질지는 전혀 분명치 않습니다. 이에 반해 설령 덜 철저하다고 하더라도 사람들이 비교적 쉽게 다가설 수 있는 채식을 권하고, 그리하여 과연 더 많은 사람이 채식을 한다면, 그로 인해 동물들의 삶에 변화를 가져올 수 있을 겁니다. 적어도 육식에 대한 수요가 줄어듦으로써 일차적으로 그들을 사육하는 환경이 어느 정도 변할 수 있으니까요. 반복해서 말하지만 동물의 도덕적 지위를 고려한 가장 이상적인 실천은 모든 사람이 완전 채식을 하도록 하는 것일 겁니다. 하지만 현실을 감안하자면 현재의 단계에서는 저는 더 많은 사람이 비교적 부담을 덜 느끼면서 채식의 장으로 나오도록 하는 것이 중요하다고 생각합니다.

채식이　아~ 그래도 고기 맛을 못 잊을 것 같다면 어떻게 해야 하죠?

그럴 수 있죠. 저도 역시 고기 냄새를 맡으면 먹고 싶다는 생각이 들기도 하니까요. 하하. 그럼에도 채식 요리 중에서 우리가 언뜻 생각하는 것과는 달리 맛있는 요리가 상당히 많이 있어요. 그저 맛없는 풀을 씹어 먹는 것이 채식은 결코 아니랍니다. 동물의 도덕적 지위에 관심이 있는 사람들은 거의 예외 없이 채식에 관심을 갖고 있습니다. 때문에 맛있게 먹을 수 있는 채식 요리가 많이 있음을 널리 알리려는 채식주의자들이 적지 않죠. 그만큼 이를 상세하게 알려주고 있는 책도 시중에 많이 나와 있습니다. 인터넷 검색만 해봐도 이를 찾아보는 것은 어렵지 않고요. 최근에는 동물을 죽이지 않고 세포를 배양해 만든 고기인 '배양육' 기술이 나날이 발전하고 있습니다. 아직 이 기술이 시작 단계라 법적인 문제나 안전 문제 등 해결해야 하는 것들이 적지 않지만 이 같은 기술이 여러 문제들을 극복하고 실제 동물에서 오는 고기를 대체하는 날이 온다면, 그때는 동물에게 주는 고통을 생각하지 않고 편안한 마음으로 배양육을 통한 고기 맛을 즐길 수 있을 거예요. 고기가 먹고 싶어도 조금만 참아보심이 어떠신지…, 하하.

채식이 왠지 교수님 이야기를 듣고 나니 어느 정도까지는 채식을 실천해볼 수 있을 것 같다 는 생각이 들었어요. 그럼에도 조금은 자신 없 는 건… 뭘까요?

채식이 논리적으로, 도덕적으로 정당하다는 사실을 머리로 이해해서 받아들인다고 해도 그것이 실천과 연결되기가 어려운 가장 커다란 이유는, 동물을 배려해야 한다는 생각이 우리의 이익과 상충되기 때문입니다. 이런저런 규범 중에서 사람들이 가장 잘 따르는 규범이 뭐일 것 같아요?

채식이 글쎄요….

여러 가지가 있을 수 있겠지만 저는 교통 법규라고 생각합니다. 왜 그러냐하면 교통 법규를 제대로 지키지 않을 경우 운전자는 자칫 자신의 목숨을 잃을 수 있습니다. 때문에 사람들은 교통 법규를 지키지 않을 수 없는 거죠. 이처럼 지키지 않을 때 적지 않은 손해를 입을 경우 사람들은 특정 규범을 지키기 싫어도 지켜야 합니다. 이보다 더 강력한 통제 수단이 있는 것은 아니지만 사람들은 대체로 거짓말을 하지 않으려 합니다. 왜냐하면 거짓말을 했는데 탄로가 날 경우 그로 인한 비난을 감수해야 하기 때문이죠. 물론 자신에게 확실히 이익이 되고, 탄로가 날 가능성이 전혀 없는 상황이라면 사람들은 그렇지 않은 경우보다 거짓말을 많이 할 겁니다.

채식이   그럴 것 같네요.

채식은 교통 법규와 정반대 상황에 놓여 있습니다. 사람들은 육식을 좋아하고, 많은 사람이 육식을 관행이라 생각하며 당연시하고 있으며, 육식을 포기하지 않는다 해도 뭐라고 할 사람이 거의 없기에 손해가 될 것이 별로 없습니다. 아니, 육식을 포기할 경우 오히려 손해를 입을 수 있는데, 다시 말해 자기 혀의 만족을 포기하는 불편함을 감내해야 되겠죠. 정리하자면 도덕적으로 옳다고 해도 육식을 즐기는 사람의 입장에서 보았을 때 채식을 하는 것은 손해입니다. 채식을 한다고 누가 칭찬할 것도 아니고, 오히려 육식욕을 만족시키지 못하며, 육식을 한다고 누가 비난하지도 않는다면 굳이 채식을 할 필요가 없는 거죠. 상황이 이러하다면 사람들이 채식이 도덕적으로 옳은 것임에도 선택하지 않을 것임을 예상해보기란 어렵지 않습니다. 심지가 굳어 외부 상황과 무관하게 자신이 생각하는 올바름을 실천하기 위해 애쓰는 사람이 아니라면요.

채식이   교수님은 상황에 따라 어떤 규범을 지키려는 사람들의 노력의 강도 또한 달라질 수 있다고 말씀하시는 거군요. 하긴 저도 그럴 것 같긴 하네요. 공부를 열심히 하지 않을 경우 F학점을 받을 가능성이 큰 수업을 담당하는 교수님과 그렇지 않은 교수님의 수업 중에서 출석이나 수업 태도 등에 신경을 쓰는 수업은 아무래도 전자일 듯합니다.

외부 환경에 상관없이 자신이 지켜야 할 바를 지키기 위해 노력하는 사람도 분명 많이 있습니다. 하지만 평균적으로 따져

보면 외부 환경은 무시할 수 없는 변수가 되죠. 문득 제가 읽었던 김상봉 교수의 《호모 에티쿠스》(한길사, 1999)의 한 구절이 생각나네요. "사람들이 큰 염려 없이 안락한 삶을 사는 곳에서는 모두가 비슷하게 친절하고 선량해보이지만, 막상 위험과 고통이 닥쳐오면 참으로 선한 사람만이 인간의 긍지와 양심을 지킬 수 있다. 그런 까닭에 비범하고 위대한 선은 언제나 그만큼 큰 고통 속에서만 자기를 드러내는 것이다." 물론 동물에게 도덕적 지위가 주어지지 않는다고 생각하는 사람도 분명 있을 것이고, 무턱대고 그들의 판단이 잘못되었다고 말할 수는 없습니다. 그럼에도 만약 여기에서 검토하고 있는 논의가 잘못되지 않았다면, 우리는 동물이 일정한 도덕적 지위를 가지고 있음을 인정해야 할 텐데요. 만약 이를 인정한다면 우리는 이를 실천으로 연결시켜야 합니다. 그것이 어렵다고 하더라도 그렇게 해야 하는 것이죠. 그것이야말로 인간의 긍지와 양심을 지키는 것이 아닐는지….

채식과
인간의
이익

with
활동가

5

인간의 문제를 우선 고려해야 하지 않을까?

활동가님! 제가 교수님께 동물의 도덕적 지위의 문제에 대한 이야기를 많이 들었는데요. 동물에게 일정한 도덕적 지위를 부여해야 하고, 이에 따라 고기를 먹지 않아야 한다는 것까지는 충분히 이해가 갔습니다. 하지만 우리가 동물이 아닌 인간이고, 그렇기 때문에 인간 문제에 우선적인 관심을 가져야 하는 것은 아닐까요? 아무리 동물이 중요하다고 하더라도 예를 들어 인간과 동물의 이익이 대립할 경우 저는 인간의 편을 들 것 같은데요?

저도 인간이기 때문에 그런 생각을 합니다. 아무리 공평무사하게 생각하려 해도 인간을 우선적으로 고려하고 싶은 마음은 어쩔 수 없을 것 같기도 합니다. 하지만 실제로 인간 문제와 동물 문제가 직접적으로 대립하는 경우는 그렇게 많지 않습니다. 많은 경우 인간 문제와 동물에게 관심을 갖는 것은 양자택일의 문제가 아닙니다. 다시 말해 인간 문제에 대해 관심을 가지면서도 얼마든지 동물 문제에 관심을 가질 수 있다는 것이죠. 나아가 동물해방론자는 동물 문제에 대해 관심을 갖는 것이 인간 문제에 대해 관심을 갖는 격이라고 이야기하기도 해요.

채식이   좀 더 구체적으로 설명해주시면 감사하겠습니다!

만약 어떤 동물권 활동가가 동물의 복지나 권리 문제에 관심을 갖는다면, 그리고 하루 대부분의 시간을 동물 문제에 신경써야 한다면 아마도 그 활동가는 인간 문제에 관심을 가질 여유가 없을 겁니다. 하지만 활동가가 아닌 경우에는 특별하게 시간을 내서 동물 문제에 대해 관심을 갖지 않아도 되지요. 그저 식사를 하러 갈 때 고기를 피하면 되는 것이고, 동물로 만든 제품을 사지 않으면 그것만으로도 어느 정도 충분하다고 할 수 있거든요. 그러니까 평범한 사람은 그저 무엇인가를 적극적으로 하지 않고서도, 무엇을 하지 않으면 그것만으로도 동물권 문제에 관심을 갖는 격이기 때문에 동물 문제와 인간 문제가 대립된다고 생각하지 않을 수 있는 겁니다.

채식이   아, 그렇게 생각할 수도 있겠네요.

물론 어떤 일을 하지 않는 것은 최소한의 행동이라 할 수 있고, 우리 활동가 입장에서는 이보다는 더 많은 것을 하길 원하죠. 가령 고기를 먹지 않을 경우 건강상의 문제가 생길 수 있다든가 채식을 하려면 돈이 많이 든다는 등의 생각을 소셜 미디어를 이용해 재고해보길 요구할 수 있으며, 채식을 할 수 있는 식당을 널리 홍보할 수도 있죠. 또한 식당에 갔을 때 채식 식단을 요구한다든지, 주변 사람에게 채식을 해볼 것을 권유할 수도 있겠죠. 우리에게는 더 많은 사람을 채식으로 이끄는 것이 매우 중요합니다. 이를 위해 할 수 있는 게 여럿 있을 수 있습니다. 특히 제도적인 개선은 상당히 커다란 영향력을 행사하는 것이기 때문에 이러한 문제에 관심을 갖고 적극적으로 변화를 이끌어내기 위해 노력해야 합니다. 이를 위해 할 수 있는 것들을 따져 묻고 이를 실천에 옮길 경우 우리가 생각하지 못한 변화가 일어날 수 있습니다.

채식이　이런저런 작은 노력이 모이면 공리주의가 지향하는 최대다수의 최대행복을 이끌어내는 데 도움이 될 수 있겠네요. 저는 거창한 것만 생각했는데 일상생활을 하면서 할 수 있는 조그만 실천이 적지 않은 결과를 이끌어낼 수 있음을 생각하지 못했습니다.

정말 그래요. 저 또한 특별히 다를 건 없었는데, 어느 순간 최소한의 노력으로 최대한의 성과를 일궈내는 것이 무엇일 수 있는지를 따져서 활동을 하다 보니 그다지 힘들이지 않으면서도 많은 것을 이룰 수 있음을 알았습니다. 소기의 목적 달성을 위해 더 많은 사람을 그 목적을 이루는 장으로 이끌어낼 수만 있다면 나 혼자서 안간힘을 쓰는 것보다 효과적으로, 더 많은 일들을 해낼 수 있음을 명심하면 좋겠습니다.

채식이　네, 명심하겠습니다.

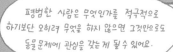

평범한 사람은 무엇인가를 적극적으로
하기보단 오히려 무엇을 하지 않으면 그것만으로도
동물 문제에 관심을 갖는 게 될 수 있어요.

무슨 뜻이죠?

고기 말고
다른 거 먹지.

100% 가죽

가죽 제품은
안 살래요.

식사할 때
고기를 피할 수도 있고

동물 제품을
사지 않거나

채식?
부자들만 하는 거 아냐?
영양실조 걸려~

그렇지 않아
이거 봐.

우리 동네
채식 식당
생겼대.

가볼까?

채식에 대한 이미지를 제고시키고
식당에 채식 식단을 요구할 수도 있겠죠?

우리에겐 더 많은 사람을 채식으로 이끄는 것이
중요하니까요. 작은 노력들을 모아보자구요~

그런데 동물과 인간의 문제가 상충되지 않는 것을 넘어 '동물 해방이 인간 해방'이라는 이야기도 있습니다.

채식이 에이, 그건 약간 심한 얘기 아니에요?

아니요. 물론 동물 문제에 관심을 갖는다고 해서 인간의 모든 문제를 해결할 수 있는 것은 아닐 겁니다. 그럼에도 일부 중요한 인간 문제를 해결하는 측면이 있는 것은 어느 정도 사실인 것 같아요.

채식이 좀 더 구체적으로 설명해주세요.

인간이 직면한 문제는 여러 가지가 있습니다. 교육 문제, 폭력 문제, 전쟁 문제, 주택 문제, 건강 문제, 환경 문제, 기아 문제 등등이 있죠. 물론 동물 문제에 관심을 갖는다고 해서 주택 문제나 교육 문제 등을 해결할 수 있는 것은 아닙니다. 하지만 동물 문제에 관심을 가질 경우 건강·환경·기아 문제를 해결할 길이 열릴 수 있다는 이야기는 개연성이 있는 듯합니다.

 저랑 직접적으로 관련이 있는 게 건강 문제인 것 같은데요. 동물 문제가 어떻게 건강 문제와 관련 있다는 건지 궁금하네요. 채식을 하는 것이 건강에 도움이 된다는 말씀이신가요?

대략 그런 이야기죠.

채식이　　그런데 활동가님! 우리에겐 필수 영양소인 단백질이 필요하지 않나요? 고기로 단백질을 섭취하지 않을 경우 우리 건강을 해치는 것이 아닐까요?

우리가 가장 오해하는 것 중 하나가 고기를 먹지 않으면 단백질을 적절히 섭취하지 못한다는 것인데요. 오직 고기에만 단백질이 포함되어 있는 것은 아니에요. 물론 고기가 풍부한 단백질원임에는 분명합니다. 그럼에도 우리가 섭취하는 음식 속에는 거의 예외 없이 단백질이 들어가 있습니다. 가령 브로콜리에는 스테이크에 비해 칼로리당 단백질이 많이 포함되어 있다고 해요. 나아가 육류에는 3대 주요 영양소 탄수화물, 지방, 단백질 중에서 오직 지방과 단백질만이 포함되어 있음에 반해 식물성 음식에는 3가지 영양소가 모두 포함되어 있다고 합니다. 때문에 설령 육식을 하지 않는다고 해도 3대 영양소를 섭취하지 못하는 것은 전혀 아니죠.

채식이　　그래도 채식만 할 경우 비타민 B12 부족 현상이 나타난다고 하던데요? 제가 알기론 비타민 B12는 신경, 뇌 및 혈액 건강을 최적화하는 데 필요한 중요 요소인데….

맞아요. 비타민 B12는 고기를 통해 확보할 수 있다고 하는데, 채식을 할 경우 비타민 B12 보충제 등을 섭취함으로써 이를 보충해야 한다고 해요. 그런데 그 외는 특별하게 채식으로 인해 부족한 영양소는 없어요. 육식을 하는 것이 우리 몸에 해롭다는 실험 결과는 많이 있습니다. 가령 육식을 많이 하는 것과 대장암에 걸릴 위험성은 직접적인 상관관계가 있다고 해요. 고기는 신속하게 소화되지 않으며, 때문에 장을 통과하는 시간이 긴데, 이로 인해 고기 속 박테리아가 증식하며, 음식 독이 발생할 가능성이 높아집니다. 이것이 대장암의 가능성을 높이는 것이죠. 또한 고기에는 콜레스테롤과 포화지방이 함유되어 있는데, 이러한 것은 심장병이나 암의 발생과 관련 있다고 해요.

채식이 그럼에도 이와 관련해서는 다른 입장을 취하는 전문가도 꽤 많이 있는 것 같아요. 채식을 옹호하는 사람과 반대하는 사람의 입장이 팽팽히 맞서는 것처럼 보이니 어느 쪽이 맞는지 비전문가인 저로서는 가늠하기가 어렵네요.

충분히 그럴 수 있습니다. 실제로 채식에 반대하는 사람들은 채식만 할 경우 필수 아미노산이나 칼슘, 아연 등의 부족과 소화 기능 장애를 유발할 수 있다고 지적하기도 해요. 인간이 섬유질을 소화할 수 있는 능력이 없다는 것이죠. 한마디로 채식만 할 경우 건강을 해친다고 이야기하는 사람들도 적지 않습니다. 사실 건강 문제는 전문가 사이에서도 의견이 일치하지 않아 채식이 건강에 도움이 되는지의 여부를 판단하기가 매우 어렵습니다. 일반인은 궁극적으로 전문가에게 의견을 묻지 않을 수 없는데, 전문가들끼리도 생각이 다르니 난감할 수밖에요. 이런 상황에서 우리가 유의해야 할 점은 자신의 생각을 뒷받침하는 자료만을 선별하여 자신의 생각이 옳다고 주장해서는 안 된다는 겁니다. 예를 들어 채식주의자는 채식이 건강에 도움이 된다는 자료만을, 육식의 필요성을 이야기하는 사람은 육식을 해야 한다는 자료만을 취해 자신의 입장이 옳다고 주장할 수 있는데, 이는 올바른 판단을 위한 적절한 태도를 취하는 것이 아니에요. 자신의 입장이 잘못되었음을 이야기하는 자료가 있을 경우 이를 외면해서는 안 되며, 그 설득력을 어느 정도 인정해야 합니다. 물론 그 자료의 설득력에 대해서는 가능한 범위 내에서 최선을 다해 판단을 하려 해야겠죠. 그저 자신의 입장을 뒷받침한다고 해서 근거 없는 단언에 그치는 자료를 받아들여선 안 될 겁니다.

채식이   하! 반성이 되는데요? 저 또한 채식의 문제는 아니지만 다른 문제에서 그런 태도를 취한 경우가 종종 있거든요.

"위험이 있는 그곳에 희망도 함께 자라네." 독일 시인 휠덜린의 〈파트모스 찬가〉라는 시에 나오는 구절이에요. 우리가 스스로의 잘못을 인정하지 않고 반성을 하지 않으면서 살아갈 경우 별다른 희망이 없습니다. 거꾸로 자신의 문제를 의식하고 이를 극복하려는 노력을 기울일 경우 희망을 엿볼 수 있죠. 반성하지 않는 삶은 가치가 없다는 소크라테스의 생각과 어느 정도 맞닿아 있는 이야기인데, 채식이는 자기 성찰을 하고 있다는 점에서 희망을 엿볼 수 있네요, 하하.

채식이　에고, 쑥스럽습니다. 활동가님이 그리 말씀하시니 지나가는 말이 아니라 영혼을 담아 반성적 삶을 살아야겠다는 생각을 해봅니다.

제가 영양이나 건강 전문가가 아니다 보니 채식이 건강에 도움이 된다고 확실하게 말하긴 어려울 것 같아요. 그럼에도 복잡한 영양학적 문제를 조금 떠나 채식을 옹호하는 입장에서 이야기를 해보자면요, 먼저 채식을 옹호하는 전문가 모임이 있습니다. 국내에도 채식을 권장하는 의사들의 모임인 베지닥터(www.vegedoctor.org)가 있는데 이들은 완전 채식, 즉 유제품은 물론 달걀조차 먹지 않는 것을 지향합니다. 제가 이런 모임이 있음을 알리는 이유는 의학 전문가들이 완전 채식을 옹호하니 채식이 건강에 도움이 된다고 생각해야 한다고 말하려는 것이 아니고, 관련 전문가들 중에서도 채식이 건강에 도움이 된다고 이야기하는 것을 보면 채식, 심지어 완전 채식도 건강에 도움이 되지 않는다는 생각이 백 퍼센트 옳다고 할 수만은 없음을 밝히기 위함입니다. 만약 관련 전문가들이 한결같이 채식이 건강에 문제를 일으킨다고 한다면 건강상의 이유로 채식만을 하는 것을 재고해보아야겠지만, 그렇게 생각하지 않는 전문가들이 있다면 채식이 건강을 해친다고 강하게 이야기할 수는 없을 겁니다.

채식이　그러니까 일반인이 아닌 건강 전문가 중에서도 채식이 건강에 도움이 된다고 주장하는 사람이 있으니 채식이 건강을 해친다고 말하는 것은 재고의 여지가 있다는 말씀이죠?

그렇습니다. 만약 채식이 건강을 해친다면 이 세상의 모든 채식주의자는 병원에 누워있거나 하늘나라로 갔을 겁니다. 하지만 현재 채식주의자는 전혀 문제없이 잘살고 있고, 채식주의자의 비율은 계속 늘어나는 추세죠. 만약 채식이 건강을 해치는 것이 명백하다면 이처럼 채식주의자의 비율이 꾸준히 늘어날 수는 없을 겁니다. 아무리 동물의 목숨이 중요해도 이를 자신의 건강, 자신의 목숨과 바꿀 생각을 하는 사람은 그리 많지 않을 거예요. 채식을 하는 사람이 냉면 밑에 고기를 깔아놓고 몰래 먹기 때문에 건강을 유지하는 것이 아닙니다. 심지어 장수와 채식이 밀접한 상관관계가 있다는 보고도 적지 않게 발견되고 있죠.

채식이 　그럼에도 건강상의 문제가 실제로 나타나면 어쩌죠? 채식에 반대하는 일부 서적, 다큐멘터리를 보면 채식을 실천하다가 건강을 잃은 사람들의 증언을 발견할 수 있는데, 이들이 거짓말하는 건 아니잖아요?

네, 저도 그렇게 생각해요. 실제로 채식이 현저한 건강상의 문제를 일으킬 가능성을 완전히 배제할 수는 없죠. 그런데 완전 채식을 할 경우는 이러한 문제가 발생할 수 있겠지만 완전 채식이 아닌 조금 낮은 단계의 채식을 하면 문제를 해결할 수 있습니다. 쾌락과 고통을 느낄 수 있는 존재인 유정적 존재만을 도덕적 고려의 대상으로 생각한다는 이야기 들었죠? 포유류, 조류, 파충류, 양서류, 어류를 제외한 나머지 동물을 아무렇게나 죽여도 되는 것은 아니지만 그럼에도 불가피한 경우는 이들을 잡아먹을 수 있다는 것인데요. 동물성 단백질을 섭취하지 못하여 건강상의 문제가 생기는 사람들은 중추신경계를 갖지 않은 동물들을 먹으면 되지 않을까요? 최선을 선택하지 못하면 차선을, 차선을 선택하지 못하면 차차선 등을 선택해야 할 것입니다. 우리가 구별해야 하는 것, 구별할 수 있는 것은 구별해야 합니다. 동물성 단백질이 (일부) 인간의 건강에 필요하다고 해서 인간 아닌 동물을 구별하지 않고 잡아먹어선 안 되는 것이고, 감응력이 있는 동물과 감응력이 있는지 확실하지 않는 동물 중에서 선택해서 먹어야 한다면 후자를 먹어야 하는 것이죠.

채식이　　그렇겠네요. 제가 고기 문제에 대한 토론 시간에 건강 문제를 집중적으로 이야기했던 기억이 있는데 조금은 창피하게 느껴지기도 합니다. 중추신경계를 갖는 유정적 존재를 반드시 먹어야 하는 것도 아님에도 이를 생각해보지 않고 고기를 먹어야 한다고 말한 것도 그렇고, 솔직히 건강 문제에 아주 신경을 쓰는 것도 아니거든요. 그럼에도 막상 고기를 계속 먹고 싶으니 건강을 내세우면서 고기의 필요성을 이야기했다는 건….

채식이는 그래도 솔직하고 양심적인 거예요. 채식이처럼 반성을 하기보다는 자신과 다른 생각을 들으려 하지 않고, 심지어 화를 내는 경우도 꽤 있거든요. 마지막으로 건강 문제에 신경 쓰는 사람, 고기를 당장 끊기 어려운 사람은 완벽한 채식이 아니라고 하더라도 고기를 줄이는 방법을 생각해볼 수 있습니다. 물론 동물에게 고유한 권리가 있다고 생각하는 사람의 입장에서는 불만을 느낄 수밖에 없는데요. 공리주의의 입장에서는 고기를 줄이는 것도 충분히 가치 있는 실천이라 생각합니다. 물론 한 사람이 고기를 줄인다고 어떤 변화가 일어나는 것은 아닐 거예요. 하지만 고기를 줄이는 사람 수가 늘어나면 날수록 고기에 대한 수요가 줄어들 것이고, 이로 인해 고기를 제공하는 가축 수가 줄면 그만큼 그들의 삶이 개선될 수 있습니다.

활동가님 이야기에 따르면 비틀스의 멤버 폴 매카트니가 '고기 없는 월요일' 운동을 제안했더라고요. 그냥 막연하게 식사를 하면서 고기를 두 점 먹는 것을 한 점 먹는 것으로 줄이기보다는 아예 고기 없는 월요일, 고기 없는 점심, 고기 없는 한 주 등으로 특정한 날을 정해 채식을 해보는 것도 괜찮을 것 같아요.

그렇습니다. 만약 완전 채식이 어렵다면 다양한 방법으로 육식을 줄이는 것도 최선은 아니라도 차선은 될 수 있을 거예요. 저는 이왕이면 혼자서만 육식을 줄이려 하기보다는 주변 사람, 나아가 모르는 사람까지 이끌어서 육식을 줄이는 실천을 하면 좋겠다고 생각해요. 이러한 실천이 나 혼자 완전 채식을 하면서 다른 사람의 식사에 관여하지 않는 경우보다 훨씬 의미가 있다고 생각합니다. 혼자만의 완벽함보다는 설령 완벽하지 않다고 해도 더 많은 사람이 실천할 수 있게 한다면 그것이야말로 일종의 채식운동을 벌이는 것이 아닐까 싶습니다.

채식이 제가 영화 〈아름다운 세상을 위하여〉를 본 적이 있어요. 거기 나오는 주인공 트레버는 열한 살 먹은 평범한 아이인데, 세상을 바꿀 수 있는 방법을 찾아보라는 사회 선생님 말을 듣고 세 명의 사람에게 정말 도움이 될 것을 해주고, 그 사람들 또한 세 명의 사람을 찾아 그들에게 필요한 것을 해주다 보면 세상이 달라질 것이라는 제안을 합니다. 그러니까 도움을 받는 사람의 수가 기하급수적으로 늘어나면서 세상이 변할 수 있다는 거죠. 어린이가 다단계를 생각해내는 것을 보고 놀랐는데, 어쩌면 그와 유사한 실천을 이룰 경우 이 세상을 작게나마 밝힐 수 있을지 모르겠어요.

좋은 이야기네요. 나 혼자만의 실천이 아닌 더 많은 사람들과 함께하는 실천. 왼손이 하는 일을 오른손이 모르게 하는 마음가짐 못지않게 중요한 것은 왼손이 하는 일을 오른손뿐만 아니라 더 많은 손이 하도록 만드는 것이 중요합니다. 한번 실천해보세요!

환경과 채식

활동가님, 이번에는 채식과 환경의 관계에 대한 이야기를 들려주세요.

건강 문제와는 달리 채식이 환경 문제 해결에 도움이 된다는 것은 분명한 것 같아요. 예를 들어 가축을 수용하기 위해선 일정한 공간과 땅이 필요하고, 그곳에 수용된 동물로부터 오물이 배출될 수밖에 없습니다. 이것이 산림 파괴, 수질과 토양 오염 등의 환경 문제를 초래하는 것은 불가피하죠.

채식이   그런데 가축의 분뇨를 퇴비로 사용하기도 하지 않나요?

네, 퇴비로 사용하죠. 하지만 그 양은 한계가 있고, 과도한 분뇨는 적절한 처리가 이루어지지 않은 채 강이나 바다에 버려지고, 이로 인해 수질오염 문제가 발생하죠.

채식이   그렇군요.

또한 지구 산소량의 20퍼센트를 만들어내는 아마존의 열대우림지대가 최근 하루가 다르게 파괴되고 있는데, 매년 경기도 면적만 한 숲이 사라진다고 합니다. 그런데 이러한 숲 훼손은 주로 브라질의 거대 기업이 소 방목장이나 도축장 등으로 사용하기 위해 이루어지는데요. 이곳에서 생산한 고기가 브라질 현지의 식량 부족 해결을 위해 사용된다고 하면 그나마 고려해봐야 할 것들이 많을 텐데, 이 고기는 거의 수출되어 선진국 사람의 미각을 충족시키는 데 사용됩니다.

채식이   아마존 열대우림지대가 선진국 사람의 고기에 대한 욕구를 만족시키기 위해 하루가 다르게 사라지고 있군요.

이뿐만이 아닙니다. 가축을 사용함으로써 다양한 자원들이 과도하게 사용되기도 합니다. 자료에 따르면 가축 사육장에서 사육된 거세한 식용 수송아지로부터 0.45킬로그램의 고기를 생산하기 위해 2.27킬로그램의 곡물, 3.79리터의 휘발유에 상당하는 에너지, 9464리터의 물, 그리고 그 외의 자원들이 사용되어야 한다고 해요. 그러니까 고작 0.5킬로그램이 채 안 되는 고기를 생산하기 위해 엄청난 자원을 사용해야 한다는 것이죠. 현재와 같은 추세로 가면 2050년에는 가축 수가 1200억 마리가 된다고 하니 이로 인해 낭비되는 자원들은 실로 어마어마합니다.

채식이   우리가 육식을 줄이는 만큼 환경에 미치는 부정적인 영향 또한 줄어들겠네요.

네, 그런데 환경에 미치는 부정적인 영향은 여기에 그치지 않습니다. 축산업으로 인해 발생하는 이산화탄소도 아주 심각한 문제인데요. 세계 온실가스 배출량의 18퍼센트가 축산에서 나온다고 하는데, 특히 메탄가스 발생량의 37퍼센트가 축산에서 나온다고 합니다.

채식이 　육식이 환경에 미치는 부정적인 영향은 의심의 여지가 없는 것 같네요.

그렇습니다. 고기 생산이 주는 환경에 대한 영향을 쉽게 파악하기 위해 2007년 노벨평화상 수상자인 라젠드라 파차우리의 말을 인용해보면요. 그에 따르면 쇠고기 1킬로그램을 생산하는 과정에서 이산화탄소가 36.4킬로그램 발생하는데, 이는 승용차로 250킬로미터를 주행했을 때 발생하는 양에 해당한다고 합니다. 고기 생산이 얼마만큼 많은 이산화탄소를 발생시키는지 감이 잡히죠? 우리가 지구 온난화 방지에 관심을 가진다면 바로 그와 같은 이유만으로도 육식을 줄여야 할 것입니다. 물론 채식을 한다고 해서 각종 환경 문제가 깨끗이 해결되진 않습니다. 그럼에도 환경오염에서 상당한 비중을 차지하는 문제들을 해소할 수 있음은 분명하죠.

채식이 　열대우림파괴, 수질오염, 토양오염, 이산화탄소와 메탄가스 배출, 지구 온난화, 각종 자원 낭비. 고기 생산이 이러한 문제를 야기하는 것이 어쩔 수 없는 사실이라고 한다면 우리가 환경을 위해서라도 채식을 하지 않을 수 없을 것 같습니다. 채식을 하는 것이 지구를 지키는 일인 것은 분명하게 느껴지네요. 잘 알겠습니다.

기아 문제와 채식

이번에는 채식이 어떻게 기아 문제 해결에 기여할 수 있는지를 설명해주세요.

이 문제는 고민해봐야 할 것들이 조금 있는데요. 우선 산술적인 이야기만 해보도록 하겠습니다. 피터 싱어는 우리가 고기를 먹기 위해 가축에게 주는 곡물을 가축에게 주지 않고 직접 활용한다면 전 세계적인 기아 문제를 해결할 수 있을 것이라고 말합니다. 예를 들어 미국인이 1년에 10퍼센트만 고기 소비를 줄여도 6천만 인구가 기아에서 벗어날 수 있다고 하며, 단순히 미국의 가축 수를 절반으로 줄이기만 해도 사회주의를 채택하지 않는 혹은 공산주의를 채택하지 않는 저개발국가의 칼로리 부족액을 거의 네 번 메우고도 남을 정도가 된다고 해요.

채식이   그러니까 가축에게 줄 곡물을 인간이 활용할 경우, 기아 문제를 해결할 수 있다는 말이네요.

그런 것이죠. 왜 이렇게 이야기하는지 조금 보강 설명을 해볼게요. 예를 들어 곡물을 재배하는 땅이 있습니다. 이 땅에서 생산된 곡물이 100이라 할 때, 이 곡물을 모두 인간이 활용한다면 기아 문제를 해결할 수 있습니다. 하지만 그렇게 하지 않고 생산된 100의 곡물 중 50을 가축에게 제공하고, 나머지 50을 인간에게 제공하기 때문에 기아 문제가 발생한다는 거죠. 다소 오래된 이야기이긴 하지만 캘리포니아의 거대 소 사육 시설의 절반에서 연간 소비되는 옥수수 양이 만성적인 기아에 허덕이는, 옥수수가 주식인 잠비아가 연간 필요로 하는 양에 비해 더 많다는 계산이 나오기도 했어요. 이와 같은 양의 옥수수가 소에게 제공되지 않고 빈곤 국가에 제공된다면 기아 문제를 해결할 수 있다는 것이죠.

채식이　　하지만 기아 문제는 절대적인 생산량 부족 때문에 발생하는 것이 아니라 적절하지 못한 분배 문제 때문에 일어난다는 이야기를 들었는데요. 그러니까 곡물 메이저 회사와 투기꾼 세력들이 곡물 가격으로 장난을 하고, 이 때문에 기아에 허덕이는 경우가 발생한다는 것이죠. 이들은 심지어 곡물 가격의 하락을 막기 위해 식량을 소각해버리기까지 한다고 하더라고요. 이들에게는 누가 굶어 죽느냐는 관심사가 아니고, 오직 이윤 극대화에만 초점이 맞추어져 있다는….

맞아요. 이 세상은 생각보다 아름답기만 한 곳이 분명 아닙니다. 그런데 아까 들었던 예에 대해 조금 더 보충해서 설명하자면 만약 100의 곡물 중에서 50을 가축에게 제공하지 않는다면 인간에게 제공할 곡물 양이 늘어날 뿐만 아니라 이와 같이 늘어남으로써 곡물 가격이 어느 정도는 하락할 겁니다. 그러니까 인간이 50을 활용하는 것이 아니라 100을 활용할 수 있게 됨으로써 곡물 가격이 다소 낮아질 것이고, 이 경우 가난한 나라는 동일한 금액으로도 곡물을 더 많이 구매할 수 있게 된다는 것이죠.

채식이   어느 정도 이해가 갔어요.

또한 고기 생산은 상당히 낭비적인 과정입니다. 가령 1단위의 동물 단백질을 생산하기 위해 송아지는 무려 21단위의 단백질을 섭취해야 합니다.

채식이   왜 그런 것이죠?

가축은 생명체이고, 생명을 유지하기 위해 섭취한 음식을 에너지로 전환해 사용해야 합니다. 여기에는 신진대사 과정 등 여러 활동이 포함되겠죠. 그런데 이와 같은 전환이 이루어질 경우 섭취한 음식에 포함되어 있는 영양소 중에서 고기에 남아 있는 영양소의 양은 현저히 줄어들게 됩니다. 단백질의 경우 21분의 1로 줄어드는 것이고요. 만약 이처럼 전환되지 않는다면 무려 21배나 많은 단백질을 활용할 수 있게 되겠죠? 방금도 언급했지만 모든 영양소가 이만큼의 축소 과정을 거치는 것은 아닙니다. 그럼에도 모든 영양소가 크고 작은 방식으로 줄어들면서 고기로 전환된다는 것이 사실이라면 우리가 이렇게 전환하지 않을 경우 몇 배의 영양소를 더 섭취할 수 있을 거예요. 요컨대 우리가 육식을 하지 않는 정도에 비례해서 기아 문제를 해결할 가능성은 그만큼 높아진다고 말할 수 있을 겁니다.

채식이 활동가님 말씀을 듣고 보니 '채식을 하는 것이 인간을 위한 길'이라는 말이 결코 과장이 아닌 듯하네요. 윤리 원리에 입각해서 보았  을 때나, 고기가 되는 동물이 살아가는 모습으로 보나, 고기를 먹어도 된다는 논거에 대한 반박 논의로 보나, 그리고 인간에게 도움을 준다는 측면에서 보나 우리가 채식을 해야 하는 것은 도덕적 의무로 느껴집니다. 지금까지 이야기 잘 들었습니다. 이론적으로 많은 것을 알 수 있었고, 이에 설득되었으니 다음 단계로 쉽진 않겠지만 채식을 실천해보도록 할게요. 채식에 대해서뿐만 아니라 어떤 과정을 거쳐야 제대로 된 도덕 판단을 할 수 있는지도 아울러 배울 수 있는 소중한 시간이었습니다. 오랜 시간 동안 정말 감사했어요!

채식에 대한
논의로
알 수 있는 것

with
김 교수

6

마지막으로 채식에 대한 논의가 주는 교훈에 대해 말씀드리고 마무리하도록 할게요. 이 윤리적 논의가 우리에게 주는 교훈은 무엇보다도 우리가 채식을 해야 한다는 것이죠. 다루는 주제가 채식이다 보니 이는 새삼스러울 것도 없습니다. 다만 우리가 무엇인가를 옹호하기 위해서는 감정이나 직관에 호소해서는 안 되고, 논리적인 추론 과정을 거쳐서 내려진 결론에 따라야 합니다. 저는 육식의 가능성 또한 열려 있다고 생각합니다. 다만 육식을 정당화하기 위해서는 이곳에서와 같은 추론 과정을 거쳐야 하는데, 다시 말해 육식을 옹호하려면 도덕 원리를 기준으로 육식의 정당성을 이야기할 수 있어야 하며, 관런 사실을 잘 알고 있어야 합니다. 또한 도덕 원리 외의 논리로 채식의 부당성을 지적하면서 동시에 육식이 정당하다고 할 수 있어야 합니다. 그리고 그저 채식주의자들의 일부 주장이 설득력이 없다고 해서 육식을 옹호할 수 있는 것이 아니라는 사실도 기억해야 하고요. 앞에서 언급했던 채식과 관련한 실천 방안을 재차 언급하자면 저는 개인적으로 묵묵히 채식을 하는 것도 중요하지만 혼자의 채식보다 많은 것들을 해보라고 권하고 싶습니다. 만약 채식을 통해 궁극적으로 사람이 즐겨 먹는 동물의 고통을 종식시키는 것을 목적으로 한다면요. 예를 들어 채식을 이야기할 수 있는 기회가 되면 적극적으로 다른 사람에게 왜 채식을 해야 하는지를 알려주려 했으면 좋겠고, 소셜 미디어나 다양한 홍보 방법을 통해 채식의 중요성을 알리며, 채식에 도움이 될 수 있는 사람들의 힘을 결집해서 이 세상에 채식 인구가 늘어날 수 있도록 노력을 기울이면 좋겠습니다. 그 방법으로는 정치가 등 사회 유력 인사에게 이런저런 사안에 대한 제안을 할 수도 있겠고, 채식을 쉽게 할 수 있도록 회사나 학생 식당에 요구를 할 수 있을 것이며, 동물권 활동가와 뜻을 관철시키기 위한 시위에 참여할 수도 있을 겁니다. 식당에 가서도 채식 식단에 대해 묻기도 하고요. 이처럼 혼자만

의 실천이 아닌 이 세상
을 바꾸어나가기 위한
실천을 염두에 두고 여
러 방안을 구상해 실천
해나간다면 채식주의자가
지향하는 목표에 한 걸음
더 다가설 수 있을 겁니다.

다음으로 채식에 대한 논의에서 우리가 중요하게 생각해야
할, 채식과 조금 다른 문제를 이야기하자면, 채식에 대한 윤리
적 논의는 도덕 원리의 중요성을 잘 보여주고 있습니다. 도덕
원리란 우리가 도덕 판단을 할 때 궁극적으로 호소하는 곳인
데요. 이러한 원리를 의식하고 도덕 판단을 하는 것이 매우 중
요함에도 이를 학교에서 제대로 가르치지 않는 것이 아쉬울
따름입니다. 국내에서 공리주의나 칸트의 의무론은 그저 학생
들에게 서구 철학자들의 이론으로 도식적으로 암기해야 할 대
상일 뿐, 이것이 우리 삶에 얼마나 중요한 것인지를 제대로 알
려주는 경우는 거의 없는 듯합니다. 적어도 제 경험으로는 그
렇습니다. 제가 만난 학생 중에 이러한 원리의 중요성을 의식

하고, 이를 의도적으로 도덕 판단에 사용하는 학생은 단 한번
도, 말 그대로 단 한 번도 만난 적이 없는데, 이는 윤리 교육을
담당하는 선생으로서 참으로 유감스러운 일이라 하지 않을 수
없습니다. 물론 도덕 원리를 기준으로 도덕 판단을 내리는 것
이 능사는 아니라는 입장도 충분히 있을 수 있습니다. 하지만
제가 생각하기에 도덕 원리를 기준으로 삼아 어떻게 살아가야
하는지를 따져보면서 살아가는 것이 습관적으로 익힌 옳고 그
름에 적당히 맞추어 살아가는 것보다 훨씬 훌륭한 삶을 살아
갈 수 있을 것 같습니다. 적어도 일관성과 공평무사함을 유지
하면서 살아가려 할 경우 그럴 것 같아요.

어떤 사람은 무엇 하러 도덕적으로 살아가느냐고 묻습니다.
하지만 그런 사람마저도 자신에게 어떤 피해를 주는 사람을
비난하는데, 만약 자신이 도덕적으로 살아갈 필요가 없다고
생각한다면 자신에게 피해를 주는 사람에게도 마찬가지 기준
을 적용해야 할 겁니다. 이 경우 자신에게 피해를 주는 사람을
비난할 수 없게 될 텐데요. 그 사람도 도덕적으로 살아갈 필요
가 없다고 생각해서 피해를 주는 것인데 어쩌겠어요. 우리는
자신에게만 예외 규정을 두면서 나는 도덕적으로 살아가지 않

아도 되지만 다른 사람은 도덕적으로 살아야 한다고 생각해서는 안 되고, 일관성을 유지하기 위해 노력해야 합니다. 그리고 이 경우 우리가 도덕을 외면하기 어렵지 않을까요?

세 번째로 채식의 문제는 우리에게 반성의 기회를 제공하는데요. 그중 하나는 우리가 갑의 입장이 되었을 경우에 을의 입장이 되어서 생각해보기가 얼마나 어려운지를 적절히 보여준다는 겁니다. 흔히 우리는 자신이 처해 있는 상황에 따라 처신을 달리하는 편인데요. 가령 내가 강자의 입장에 있을 때는 강자의 입장에서, 약자의 입장에 있을 때는 약자의 입장에서 생각하려는 경향이 있다는 거예요. 그런데 이렇게 사는 것이 어느 정도 불가피한 측면이 있다고 하더라도 이것이 옳은 태도는 아닙니다. 강자의 입장에 있건 약자의 입장에 있건 일정한 기준, 좀 더 구체적으로 도덕 기준에 따라 상황의 옳고 그름을 판단해야 하죠. 강자보다 약자가 많음을 감안한다면 우리는 대체로 약자의 입장에 놓여 있습니다. 그래

서 약자의 입장을 잘 이해하고, 또한 이러한 상황에서 약자의 입장에서 하는 이야기들은 대체로 도덕적으로 설득력이 있는 경우가 적지 않죠. 그런데 이러한 입장은 강자가 되었을 때도 일관성 있게 유지되어야 합니다. 그런데 채식의 문제는 우리가 강자가 될 경우 약자의 입장을 고려하지 않을 가능성이 적지 않음을 어느 정도 시사하고 있습니다. 어떻게 해서든 고기를 먹으려고 이런저런 생각을 한다거나 아예 논의 자체에 대해 거부감을 나타내는 것은 이런 가능성을 암시하고 있는 것이죠. 인도의 정신적 지도자 마하트마 간디는 "한 국가가 얼마나 위대하며 도덕적으로 진보했는지는, 그 국가가 동물을 어떻게 대하는지를 보면 알 수 있다"라는 말을 남겼는데요. 저도 이 이야기에 동의해요. 그 이유는, 어떻게 처우를 해도 제대로 항거할 수 없는 약자임에도 동물을 존중한다는 것은, 또한 자신의 육식욕을 포기해야 하는 커다란 결단이 이루어져야 함에도 동물을 먹지 않으려 하는 것은 그러한 태도를 나타내는 사람이 일관성 있게 도덕적인 태도를 견지하고 있음을 사실상 의미하기 때문이죠. 강자가 되면 약자의 입장을 생각하기가 분명 어렵습니다. 칼자루를 쥐는 격이니까요. 하지만 우리가 윤리적인 태도를 견지하려 하면 이런 상황에서도 공평무사한

태도를 견지해야 하는 것입니다. 그것이 윤리적 태도임을 채식 문제는 적절히 보여주고 있죠.

이와 다른, 또 다른 반성거리는 채식의 문제를 통해 평소에는 우리가 상당히 객관적인 판단을 하다가도 막상 자신의 이익이 걸려 있을 경우 객관성을 상실하기 일쑤임을 적절히 파악할 수 있게 된다는 겁니다. 우리는 자신의 문제가 아닌 것, 자신과 관련되지 않은 것에 대해서는 상당히 객관성을 잘 견지합니다. 하지만 막상 자신의 이익이 영향을 받는 문제에 대해서는 객관성이 어디론가 사라지고 사실상 자신의 이익을 옹호하기

위해 이런저런 논리를 끌어오는 경우가 허다합니다. 채식의 문제는 우리가 이런 경향이 있음을 확인해볼 수 있는 좋은 기회를 제공합니다. 저는 만약 이러한 반성을 일상화하여 우리가 자기 이익과 관련한 모든 경우에 공평무사함을 유지하려 한다면, 그 삶이 참으로 올바른 방향으로 나아갈 수 있을 것 같습니다.

마지막으로 한 가지 더 언급한다면, 고기에 관한 논의는 습관에 따라 상식적으로 살아가는 것이 위험할 수 있음을 잘 보여주고 있습니다. 우리는 습관으로 장착된 태도를 유지하면서 살아가는 편인데요. 이러한 삶이 많은 경우 특별히 잘못된 방향으로 우리를 이끌지 않습니다. 하지만 이와 같은 습관이 우리에게 공평한 판단을 저해하는 요소로 작용하는 경우도 종종 있습니다. 습관에 따른 고정관념을 벗어나는 것, 생각보다 그리 쉽지 않습니다. 고기를 습관적으로 먹는 사람들은 이에 대한 이의를 쉽게 받아들일 수 없습니다. 자신은 물론 대부분의 사람들이 잘못이라 생각하지 않으면서 지금까지 살아왔으니까요. 그런데 치밀한 논리적 분석은 이러한 태도가 잘못일 수 있음을 시사합니다. 많은 경우 우리의 태도는 말 그대로 상식에 따른 것이지 치열한 사고의 귀결로서의 태도는 아닙니다. 그런데 우리가 이처럼 습관에 따라 상식적으로 살아가는 것이 잘못일 수 있음을 의식하고, 어떤 문제에 대해 더 많은 생각을 해보고 판단을 내리려는 태도를 가지려 한다면 우리는 사고의 주인이 되어 훨씬 주체적이고도 올바른 삶을 살아갈 수 있을 겁니다. 채식에 대한 이야기를 들었다고 채식에만 집중하는 데 머물지 말고 이 주제가 주는 교훈이나 시사점을 의식하고 살아간다면 그 삶이야말로 도덕적으로 올바른, 아름다운 삶이 될 수 있을 거예요. 자, 지금부터 함께 노력해볼까요?

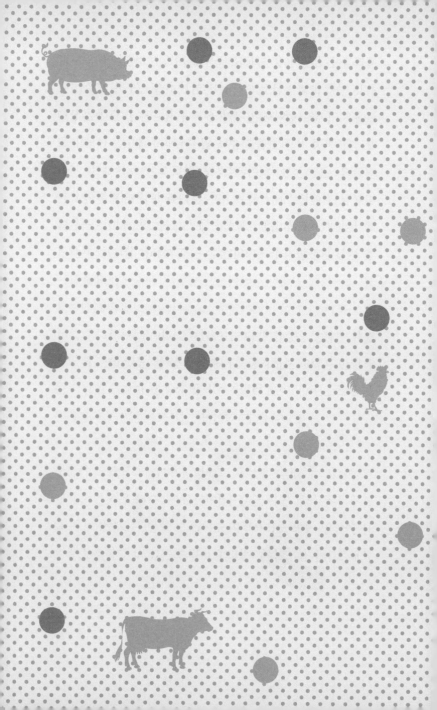

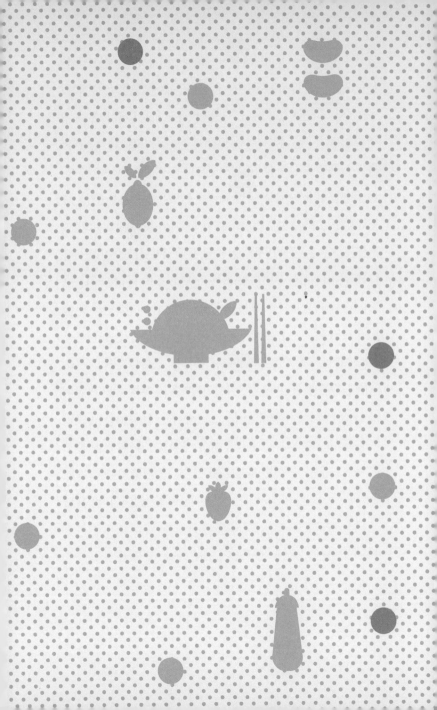

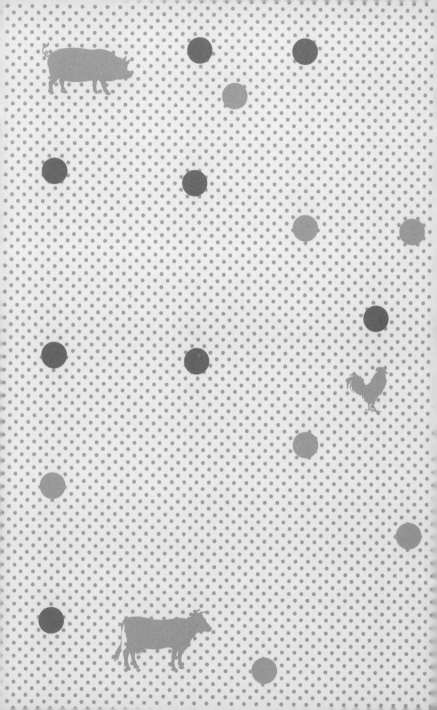